扩展最优树理论及其在社会经济中的应用

魏欣 马良 著

立信会计出版社
LIXIN ACCOUNTING PUBLISHING HOUSE

图书在版编目(CIP)数据

扩展最优树理论及其在社会经济中的应用 / 魏欣，马良著. —上海：立信会计出版社，2023.6
ISBN 978-7-5429-7270-5

Ⅰ. ①扩… Ⅱ. ①魏… ②马… Ⅲ. ①最优分析－应用－经济社会学－研究 Ⅳ. ①F069.9

中国国家版本馆 CIP 数据核字(2023)第 169386 号

策划编辑　　孙　勇
责任编辑　　孙　勇
助理编辑　　沈奕冰

扩展最优树理论及其在社会经济中的应用
KUOZHAN ZUIYOUSHU LILUN JIQI ZAI SHEHUI JINGJI ZHONG DE YINGYONG

出版发行	立信会计出版社
地　　址	上海市中山西路 2230 号　邮政编码　200235
电　　话	(021)64411389　　传　真　(021)64411325
网　　址	www.lixinaph.com　电子邮箱　lixinaph2019@126.com
网上书店	http://lixin.jd.com　　http://lxkjcbs.tmall.com
经　　销	各地新华书店
印　　刷	上海万卷印刷股份有限公司
开　　本	710 毫米×1000 毫米　1/16
印　　张	10.25　　　　　　插　页　1
字　　数	148 千字
版　　次	2023 年 6 月第 1 版
印　　次	2023 年 6 月第 1 次
书　　号	ISBN 978-7-5429-7270-5/F
定　　价	58.00 元

如有印订差错，请与本社联系调换

前　言

在自然界漫长的进化历程中,无论稚嫩乔木抑或参天古树,都通过树干运输化学物质,为其生命提供赖以生存的物质基础。树根从土壤中吸收生命必需的物质和能量,经树干运输至其他部位;树叶通过光合作用产生有机物并将其输送给枝干及树根。树干不仅能够传递水分、能量,以及各种生长所需的养料,还承担着信息运输管道的角色。大自然中的树,"谨慎"地分配着生长必需的能量,"精打细算"以满足所有枝叶的生长需求,并努力维持着一种内在的平衡。

树,从来就是人与自然之间联系的核心,对人类自然科学与人文科学的研究与发展做出了巨大的贡献。与植物学中树的生长及树干连通传输机制类似,在离散数学中,数学家们将连通且不含回路的一类图结构作为重要研究对象,称之为生成树。基于给定的网络赋权图,找出一个满足最优条件的生成树的问题,称为图的最优树问题。

作为运筹学图论中一个重要的研究方向,最优树在计算机网络、交通运输系统、管道设计规划等方面都具有重要的理论意义和实际应用价值。基于人类社会生产及经济生活的实际应用背景不同,最优树问题可拓展为多种类型的扩展最优树问题,包括但不限于:多目标度约束最小树、MIN-MAX 度约束最小树、非线性最优树、二次最小生成树、最小 K-生成树等。有关扩展最优树的理论及应用研究广泛存在于人类生活的方方面面,其研究涉及物流配送、信息技术、工业生产、通信网络等诸多领域。

虽然传统意义上的最小生成树问题早在 20 世纪 50 年代就已被解决,但由实际问题抽象而来、增加了各种约束条件的扩展最优树问题则较难解决,目前尚无精确有效的算法进行求解。一些专家与学者对这类问题进行了大量的理论研究及实验分析,通过引入一些有效的启发式算法,借鉴进化型算法,使该类问题的求解取得了一些进展。

本书着眼于人类社会生产和经济生活领域中与扩展最优树相关的优化问题,从应用领域及优化方法上对扩展最优树问题进行了研究,设计并分析了相应的优化求解方案,为相关问题的研究和探讨提供了新的思路和方法。首先,基于传统社会生产中工程应用领域最优树问题,以生成树的顶点度为着眼点,将两类典型的单目标度约束最优树问题,扩展到多目标情形,为两类多目标度约束最优树问题设计了行之有效的求解方案。其次,引入天体物理学中的万有引力定律,将扩展最优树理论应用于社会经济网络优化问题中,从资源流通角度探索使社会网络系统总体效益最大化的策略方案。最后,探讨不同类型的扩展最优树问题与经典 TSP 问题(traveling salesman problem)之间的内在逻辑关联,以不同于传统的思维和视角,将经典 TSP 问题纳入扩展最优树的大理论框架下。

此外，不同于常用的社会网络分析方法，本书以最优树相关理论为工具，结合改进的万有引力模型与扩展最优树理论来研究社会网络系统，探索和发现了区域关系网络在扩展最优树理论下所呈现的不同于传统认知的新的价值。这对完善社会经济网络理论框架、丰富理论研究成果、促进区域网络发展具有一定的借鉴和启发意义。本书将最优树相关理论应用于此类社会关系网络的研究，是一种新的尝试，未来还将呈现更为广阔的探索空间。

就最优树相关问题的优化方法而言，本书除了关注算法本身的改进，为充分利用与时俱进的现代计算机硬件资源，还将多核多线程技术应用于大规模信息处理中，以便在大规模问题的通用解法研究及更广泛领域的实际应用中发挥作用。

本书撰写过程中的部分工作受到上海市高原学科、上海市高水平学科（"管理科学与工程"）建设项目资助，在此谨致谢意。

感谢亲朋好友们长期以来的理解与支持！

作者

2023年9月

目　　录

第1章　引论 ··· 1
　1.1　组合优化与计算复杂性 ······················· 1
　1.2　启发式算法 ·· 10

第2章　最优树理论 ··································· 20
　2.1　最优树问题的研究背景及意义 ············· 20
　2.2　网络优化与最优树问题 ······················· 23

第3章　考虑度约束的最优树问题及其优化算法 ········· 34
　3.1　多目标优化问题 ································· 34
　3.2　多目标度约束最小生成树及其优化算法 ··········· 43
　3.3　多目标 MIN-MAX 度约束最小树问题及其优化
　　　 算法 ··· 52

第4章　区域网络优化中的扩展最优树理论及其应用 ······· 60
　4.1　引力理论 ·· 60
　4.2　基于最优树理论的区域城市引力网络优化 ········· 64
　4.3　基于最优 K-生成树理论的创新区域择优机制研究 ······ 75

第 5 章　扩展最优树理论与经典 TSP 问题 …………………… 91
5.1　最优树理论与 TSP 问题 ……………………………………… 91
5.2　基于遗传变异特性的异类多种群蚁群优化算法的 TSP 问题求解 ……………………………………………………… 101
5.3　基于多核多线程的大规模 TSP 问题的快速算法 ……… 111

第 6 章　研究展望 ……………………………………………………… 123
6.1　总结 …………………………………………………………… 123
6.2　展望 …………………………………………………………… 125

参考文献 ………………………………………………………………… 127

附录 1 …………………………………………………………………… 147
附录 2 …………………………………………………………………… 149
附录 3 …………………………………………………………………… 152
附录 4 …………………………………………………………………… 153
附录 5 …………………………………………………………………… 154

第1章 引 论

古往今来,无论身处何种行业、从事何种职业,人们总希望以最少的付出换取最多的回报。人们在进行决策时,选择不同的行动方案,带来的经济效益往往存在巨大差异。通俗地说,人们在众多可行的方案中,选择一个最好的或若干个较好的,以便达到预期的最优目标,便是最优化。

最优化理论的一个重要基础为计算复杂性,它体现了用计算机求解某个优化问题的难易程度。20 世纪中叶,美国学者最先采用计算复杂性来度量不同算法的运行效率及执行效果[1],其标准为算法求解问题耗费的时间和空间大小。我们只有先了解优化问题及求解算法的复杂性程度,然后有针对性地设计求解或改进方案,才能提高优化算法在实际问题中的应用效率。

1.1 组合优化与计算复杂性

1.1.1 组合优化

最优化极值问题作为一个古老的课题,早在 17 世纪即已被相关学者提出,诸多学者倾注了大量时间与精力对其进行深入研究。20 世纪上半叶以来,随着生产力和科学研究的突飞猛进,尤其是计算机科学与技术的飞速发展,最优化理论与技术的应用成为一种迫切需要,因此,诞生了一系列的求解工具,最优化理论及求解方法得到了快速发展,并在现实生活中发挥着日益重要的作用。

在给定的一系列约束条件(constraint)下,为使优化问题的目标最佳而找出一个或一组决策变量(decision variable)的值的过程,称为最优化。根据具体情况的不同,优化目标可以目标函数(objective function)达到最大或最小的形式来表示[2]。

以最小化问题为例,可用如下数学模型进行描述:

$$\min f(x), x \in \Pi \tag{1.1}$$

其中,$x=(x_1,\cdots,x_n)^T$,为 n 维决策向量,可行域 Π 是问题变量 x 的可取值集合,目标函数 $f(x)$ 是定义在 Π 上的实值函数。一般来说,可行域 Π 可以表示为变量 x 的等式和不等式[3-4]。

仍以最小化问题为例,它也可表示为如下形式:

$$\min f(x) \tag{1.2}$$

$$g_i(x) \leqslant 0, i=1,\cdots,l \tag{1.3}$$

$$h_j(x) = 0, j=1,\cdots,m \tag{1.4}$$

其中,$g_i(x)$ 和 $h_j(x)$ 为约束函数。满足条件 $x \in \Pi$ 的 x 称为满足优化问题(1.1)的可行解(feasible solution)。满足 $f(x^*) \leqslant f(x)$($\forall x \in \Pi$)的可行解 x^*($x^* \in \Pi$)称为优化问题(1.1)的全局最优解(global optimal solution),对应的目标函数 $f(x^*)$ 称为全局最优值。在包含可行解 $x' \in \Pi$ 的邻域 $N(x')$ 里,当 $f(x') \leqslant f(x)$($x \in \Pi \cap N(x')$)成立时,称 x' 为最优化问题(1.1)的局部最优解(local optimal solution),对应的目标函数 $f(x')$ 称为局部最优值。

根据变量类型,最优化问题一般可分为两大类:连续变量最优化问题和离散变量最优化问题。当最优化问题的最终解为某一区间内的连续实数或函数时,则常称之为连续优化(continuous optimization)或函数优化(function optimization)。进一步地,连续优化问题可细分为线性规划(linear programming)和非线性规划(non-linear programming)。当最终解是整数、集合、排列,甚至是网络图等离散形式时,则称之为离散优化(discrete optimization)。这类问题还可用组合性质来表示,因此,也称为组合优化(combination optimization)。组合优化研究的主要内容为离散现象中所出现的优化问题、性质与算法,探究如何寻找适合解决某个实际离散问题的算法。组合优化问题在工程技术、经济管理、计算机科学与技术等领域大量出现,涉及的应用面日益广泛[3-4]。

组合优化也是运筹学的重要分支之一,它至今还没有公认的统一定义。结合已有文献,本书总结的几种较为常见的组合优化问题定义如下[4-6]。

定义 1.1 给定一个有限集,从其所有具备某些特性的子集中,按某种优化目标找出最优子集的数学规划,这一过程称为组合优化。

定义 1.2 一个组合优化问题 π,要么是一个极小化问题,要么是一个极大化问题,它由下述三部分组成:

(1) 实例的一个集合 D_π。

(2) 对每一个实例 $I \in D_\pi$,有一个由 I 的可行解组成的有限集合 $S_\pi(I)$。

(3) 有一个目标函数 f_π,对每一个实例 $I \in D_\pi$ 和每一个可行解 $x \in S_\pi(I)$,赋予一个有理数 $f(I, x)$,称之为 x 的目标函数值。

若 π 是极小化问题,实例 I 的最优解满足: $x^* \in D_\pi$,使所有 $x \in D_\pi(I)$,都有:

$$f_\pi(I, x^*) \leqslant f_\pi(I, x) \tag{1.5}$$

同理,若 π 是极大化问题,则上述实例 I 的最优解 $x^* \in D_\pi$,可表示为:

$$f_\pi(I, x^*) \geqslant f_\pi(I, x) \tag{1.6}$$

定义 1.3 组合优化,又称离散优化,是指通过数学的方法寻找离散事件的最优排列、分组、次序等。

仍以最小化问题为例,组合优化可用数学模型描述为:

$$\min f(x) \tag{1.7}$$
$$\text{s. t. } g(x) \geqslant 0, \tag{1.8}$$
$$x \in D \tag{1.9}$$

其中,目标函数为 $f(x)$,约束函数为 $g(x)$,决策变量为 x,D 表示有限个点组成的集合。

更明确地,我们也可用 (D, F, f) 这三个参数来简化表示组合优化问题。其中,决策变量的定义域为 D;可行解区域 F 可表示为 $F = \{x \mid x \in D, g(x) \geqslant 0\}$,$F$ 中的元素称为该问题的可行解;目标函数为 f,满足 $f(x^*) = \min\{f(x) \mid x \in F\}$ 的可行解 x^* 称为组合优化问题(1.7)的最优解。

1.1.2　计算复杂性

所谓计算复杂性,通俗地讲,就是指借助计算机求解问题的难易程度[3]。它是最优化理论的基础,也是研究特定问题难易程度和算法有效性的基础。算法复杂性与算法运行所需的资源有关,包括时间资源与空间资源。一般而言,求解问题所需的指令条数或步骤数,称为时间复杂性;而求解过程中占用的计算机存储单元数,称为空间复杂性。

具体来说,算法的时间复杂性为算法在分析和设计中执行的基本操作次数,如加、减、乘、比较、赋值等基本运算的次数;算法执行以上基本操作所占用的存储单元长度称为算法的空间复杂性。算法执行所需时间资源和空间资源越多时,算法复杂性越高;反之,则复杂性越低[7-9]。

设 n 表示一个组合优化问题的规模,以此为输入量,分别以时间和空间资源的占用量为输出函数,用来分别度量算法的时间和空间复杂度。由此,可将算法或问题的复杂性用问题规模 n 的函数表示:如时间复杂性可记为 $T(n)$,空间复杂性可记为 $S(n)$。

一般来说,对于同一问题的不同实例,即便使用相同求解算法,所耗费的时间也存在差异。对于每一个可能的输入量,将算法执行时间最长的一种情况称为最"坏"情况,即最"坏"的时间复杂性。如不特别说明,一般意义下的时间复杂性均为最"坏"的时间复杂性。

将算法的时间复杂性以其复杂性函数 $f(n)$ 的阶数 $O(f(n))$ 来表示,对于一个算法 A,记其时间复杂性为 $T_A(n)=O(f(n))$。若 $f(n)$ 为 n 的多项式函数,则称 A 为多项式时间算法;若 $f(n)$ 是 n 的指数函数,则将算法 A 称作指数算法。通常来说,指数算法的复杂性程度比多项式算法更高。因此,可将多项式算法称为"有效"算法,或称有多项式界的"好"算法。

算法的时间和空间复杂性对计算机的求解性能起决定性作用,如对于一个规模为 n 的组合优化问题实例来说,如其所需最大计算时间可用 n 的多项式时间表示,则说明该问题是多项式时间可解的,其相应求解算法具有多项式时间的复杂度。

根据问题求解难度,研究各种组合优化问题之间的联系时,按复杂性程度高低可把问题分成不同的类。首先,需要用一个计算模型,说明某种操作或步骤是否可行,以及代价有多大。常用的计算模型有图灵机、随机存取机、组合线路等。其次,通过这些计算模型研究问题复杂度的上界和下界,或寻求问题的最佳算法。

下面以图灵机模型为例,进行计算复杂性的说明。作为一种抽象的计算模型,图灵机由英国数学家 Turing A. 于 1936 年正式提出。图灵机可做无限个并行操作,具有无限读写能力。按每一步操作结果是否确定,图灵机可分为两类:① 确定型图灵机,简记为 DTM (deterministic turning machine),其每一步操作结果唯一确定;② 不确定型图灵机,简记为 NDTM(non-deterministic turning machine),其每一步操作结果可能存在多种选择。

采用图灵机计算模型作为标准计算工具,可将组合优化问题按计算复杂性理论分为 P 类问题、NP 类问题、NP 完全问题和 NP 难题。

1) P 类问题

在确定型图灵机上,多项式时间内可解决的问题称为 P(polynomial)类问题,也称为确定型多项式时间可解类。

2) NP 类问题

不确定型图灵机求解问题时,分猜测与验证两个阶段[10]。一个问题如果在不确定型图灵机上可用多项式时间解决,并不是指可在多项式时间内求出正确答案,而是指图灵机先猜测一个解,然后它可以在多项式时间内对此进行验证,以证明猜测的解正确与否。在不确定型图灵机上,可以用多项式时间解决的问题称为非确定型多项式时间可解问题,简称 NP(non-deterministic polynomial)类问题。全体 NP 问题称为非确定型多项式时间可解类,记为 NP 类,也常称为具有指数时间算法的问题类,至今尚未找到多项式时间算法。

由于一台确定型图灵机可视为一台非确定型图灵机的特例,如果一个问题可在多项式时间内被确定型图灵机解决,那么其在不确定型图灵机上也可看作是多项式时间可解的。此时,图灵机无需经过猜测阶段,故 $P \subset NP$。

3) NP 完全问题

如果某一问题 $\pi \in NP$,即问题 π 于不确定型图灵机上可在多项式时间内解决,并且对所有其他问题 $\pi' \in NP$,都有 π' 可通过多项式变换到 π,记作 $\pi' \infty \pi$,则称问题 π 是 NP 完全的(NP-complete)。NP 完全问题是 NP 类问题中最难的,由于两类问题间可通过多项式相互转换,只要一个 NP 完全问题多项式时间内可解,则所有 NP 完全问题都存在多项式时间算法。

由所有 NP 完全问题共同构成的集合,称为 NP 完备类。由于这些问题都可通过多项式相互变换得到,在算法复杂性程度上是等价的,它们共同构成了一个等价类,记为 NPC。

4) NP 难题

若所有的 NP 问题都可变换为 π，包括但不局限于仅通过多项式变换，则称 π 为 NP 难题(NP-hard)，也可简单记作 NPH。因此，π 是 NP 难题并不要求 π 属于 NP 完备类。

上述四类问题之间的关系，可用图 1.1 表示。

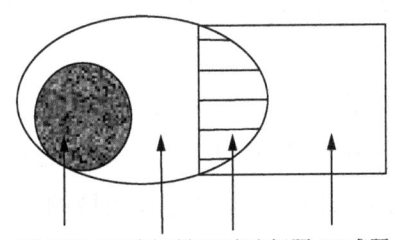

图 1.1 四类问题之间的关系

事实上，组合优化中许多重要的实际应用问题都属于 NP 难题，这类问题不存在多项式时间算法，其最优求解都需要指数级的时间复杂性，如度约束最小生成树问题(degree-constrained minimum spanning tree，DCMST)、旅行商问题(travelling salesman problem，TSP)、图着色问题(graph coloring problem，GCP)、平面选址问题(planar location problem，PLP)、二次分配问题(quadratic assignment problem，QAP)等，只有少数问题属于 P 类。

(1) 度约束最小生成树问题。

度约束最小生成树问题起源于网络优化中的最小生成树，在于对生成树的各顶点度数加以限制，要求不超过预先给定的数值，其组合含义是从所有的生成树中找出顶点度符合要求且总权值最小的生成树。

该问题的求解难度与经典最小生成树截然不同，且因顶点度约束的不同而难度各异。当顶点度的约束宽松时，甚至可用确定型算法求得问题的最优解；而当顶点度的约束严格时，是否存在有效算法，不得而知。当度限制为2时,还可转换为经典的旅行商问题。

(2) 旅行商问题。

旅行商问题,又称货郎担问题或旅行推销员问题,即给定一系列城市,假定已知各城市间距离,求经过所有城市并回到出发地的最短路线。TSP问题描述简单,但却难于求解。学术界已证明,TSP问题是NP难题,除非$P=NP$,否则不存在多项式时间内可解的"好"算法。

从公路旅行到物流运输,从机械操控到数据组织,从车间作业安排到基因组图谱绘制……,TSP模型均有用武之地。因此,自TSP问题提出以来,应用数学、计算机科学等各领域的专家学者们耗费大量时间精力研究切实可行的计算方法。

(3) 图着色问题。

图着色问题[11-12]要求针对给定图找出最少的顶点着色数,使图中任何两个关联的顶点颜色各异。GCP问题是来源于地图印制的实际问题,为便于区分,印刷者常将地图中相邻地区印制成不同颜色,然而如若颜色太多,不仅印制工艺无法满足,而且不美观。于是,人们追求用最少的颜色进行着色,同时满足相邻地区颜色不同的要求。

实践经验表明,在任何一个地图上,最多只需4种颜色即可给所有相邻地区着以不同颜色,这就是历史上著名的"四色猜想问题"。1976年,美国几位数学家[13-14]利用人与计算机协作的方式完成了"四色猜想"证明,使之成为"四色定理"。GCP问题在实际生活中有诸多应用背景,如药品存储、资源分配、任务调度、排课排班表等。此外,诸如二次分配、最大支配集、最大覆盖问题等一些典型的组合优化问题也可转化为GCP问题进行求解。GCP问题属于NP难题,随着问题规模的增大,求解的计算量呈指数倍增长,因此,研究高效的启发式算法来寻找近似解便越发受到研究人员的重视。

(4) 平面选址问题。

平面选址问题[15-18]研究的是如何为"设施"选择最优安置地点,使其发挥最大化功能。选址问题中的设施,既可以是宏观的工厂、医院、车站、仓库、商店等建筑设施,也可以是微观的各种电子元器件。PLP 要达到的目标不仅是使待安置的设施在系统中作用最大,而且是使系统的整体功能达到最优状态。

选址理论研究起源于 1909 年的 Weber 问题。1964 年,Hakimi S. L. 提出了网络图上的 P-中值问题及 P-中心问题[19],使选址问题的研究具有了里程碑式的意义。目前,Weber 问题、中心问题、中值问题、覆盖问题、多目标选址、竞争选址、选址-分配,以及选址-路线等,都已成了选址理论研究中的典型问题。此外,由于应用场景不同,平面选址问题还引申出应急选址问题、虚拟场景选址问题等多种形式。

设施选址问题广泛应用于物流配送、经济建设、国防军事等多个领域,选址的优劣直接影响到服务成本、服务效率、服务方式,以及服务质量等,但目前还未有通用有效的解法。蚁群、遗传、混沌粒子、引力搜索等一系列启发式方法的应用,为选址问题求解提供了新的途径[20-22]。

(5) 二次分配问题。

1957 年,Koopmans 与 Beckmann 在考虑经济活动选址时,从设备布局问题中,首次提出了二次分配问题模型[23-24]。QAP 不仅考虑了经济活动中主体位于特定位置所需的花费,而且研究了活动过程中由于交互而产生的成本,目的是在总代价最小的情况下,将一定数目的主体(如设备、厂房等)安排到等量的位置上。许多实际问题,如打字机键盘设计、集成电路布线、医院或工厂布局、市政建设规划等都可抽象或转化为 QAP 来解决。广泛的应用背景使 QAP 的研究具有重要的理论意义和实用价值。

由于目标函数的非线性,QAP 成为最具挑战性的组合优化领域难题之一。对于小规模问题,可采用匈牙利法、分支定界等方法进行精确求解[25],然而当问题规模 $n > 20$ 时,精确型算法的求解时间就开始变得不具现实可行性,人们转而借助于一些近似算法或启发式算法,如蚁群算法、遗传算法等在可接受时间内给出问题的较优解。

学者们普遍认为,这些 NP 难题不能用任何已知的多项式时间算法求解;并且,如果这些 NP 难题中任何一个有多项式时间算法,则所有这些问题都存在多项式时间算法。现实中,人们正是基于某些 NP 问题难以求解这一理论基础,才建立了密码体系,一旦这些 NP 问题存在快速可行的算法,即 $P=NP$,那么电商交易、网络贸易、系统防范的密码保护将面临崩溃的危险。因此,学者们猜测,任何 NP 难题都不存在多项式算法,但目前还没有人能给出具有说服力的理论证明。

1.2 启发式算法

1.2.1 算法及优化算法的分类

组合优化研究的主要内容之一为如何寻找适合求解某个实际离散问题的算法。所谓算法,是指一步步求解问题的通用程序,是对解决问题的程序步骤的一个清晰描述。例如,对问题 π 的每一个实例 I,如果存在一个清晰的步骤描述,在执行有限步骤后,即可得到该实例的答案,则称该步骤描述的算法可用于求解问题 π。

通常来说,一个算法还需具有以下一些重要特征:

(1) 算法必须在执行有限步骤后结束,即步骤有限性。

(2) 每一步骤必须定义明确、含义清晰,即含义确切性。

(3) 算法在现有的硬件和软件环境下能精确运行,即运算可行性。

(4) 为刻画运算问题的初始情况,算法可以有零个或多个输入。

(5) 为了获得问题的求解方案,算法必须有一个或多个输出,这反映了数据加工后的结果,也是执行算法的意义所在。

所谓优化算法,是基于某种思想和机制的搜索过程或规则,得到满足用户要求的优化问题的解。目前常用的优化算法可大致划分为精确型算法、启发式算法及智能优化算法。

精确型算法主要指一些经典的优化方法,主要着眼于问题的精确求解。虽然能找到问题的最优解,但一般而言,其计算时间随着问题规模的增大呈指数性增长。因此,除了部分中小规模问题以外,在实际应用中,基于时间和计算量的考虑,人们往往倾向于寻求此类问题的近似方法或启发式算法,以满意解来代替最优解。

对启发式算法(heuristics algorithm),不同学者一直有着不同的理解与定义。

其一,有学者认为启发式算法是一种基于人类对自然界直观经验的构造型算法,对优化问题能在可接受的计算时间与空间内给出近似最优解,但该近似解与真实最优解的偏差程度未知。

其二,启发式算法目前还没有形成完备的理论体系,因此,有学者将启发式算法视为一种技术,运用这种技术能在可接受的计算成本内尽可能搜寻最好的可行解,但并不保证所得为最优解。

其三,有学者将启发式算法理解为一种迭代方法,可针对问题特点按不同的优化机制进行迭代,但理论上并不能保证计算结果收敛于问题的最优解。

我们认为,启发式算法是在解决最优化问题过程中提出的一种"探索性"方法,是人们在解决实际问题时,从与研究问题相关的模型和特点出发,所采取的根据经验规则和实践检验不断改进,进而发现问题优化解的过程与方法。

由于相当一部分组合优化问题(如前述的NP难题)不存在收敛于所求结果的"好"算法,在这种情况下,启发式算法便成了唯一可行的替代方案。此外,一些实际问题虽然存在有效的收敛算法,但由于问题规模等因素,求解效率不高;而启发式算法却可用来加速求解过程,提高优化效率,这在一些大规模问题的实际应用中,或应急场景中时间紧迫的情形下尤为关键。

智能优化算法是学者们在研究自然界客观现象或过程的基础上

发展起来的综合各学科知识的新颖算法。

1.2.2 智能优化算法

近几十年来，出现了一些新颖的优化算法，它们通过揭示或模拟自然界中客观现象或过程得到发展。运用较为广泛的一些智能优化算法有蚁群优化算法(ant colony optimization，ACO)、遗传算法(genetic algorithm，GA)、粒子群优化算法(particle swarm optimization，PSO)、量子算法(quantum algorithm，QA)，以及各种优化算法的混合优化策略，其思想和内容涉及数学、物理学、生物学和计算机科学等方面，它们为解决复杂问题，尤其是组合优化中的困难问题，提供了新的思路和手段。鉴于这些算法的直观构造与自然机理，它们通常被称作元启发式算法(meta-heuristic algorithm)或智能优化算法(intelligent optimization algorithm)。

1. 蚁群优化算法

蚁群优化算法最早由意大利学者 Marco Dorigo 于 1991 年在其博士论文中提出，早期的研究成果大都发表在一些小型专业研讨会或会议录上，直到 1994 年，Colorni 等人才在正式专业期刊上发表了第一篇关于 ACO 的学术论文 *Ant System for Job-shop Scheduling*[26]。作为一种源自大自然生物界的仿生类算法，ACO 吸收了昆虫王国中蚂蚁的行为特性，通过内在搜索机制，在一系列困难的组合优化问题中成效显著[27-28]。

ACO 的思想借鉴了真实蚂蚁群体的行为特征。昆虫学家经过长期观察，发现蚂蚁群体能够在没有任何提示的情况下，找到从其巢穴至食物源的最短路径，并能根据环境变化而自适应地改变搜索方向，找到新的最短路径。究竟是什么导致了这一结果？不同蚂蚁个体之间通过何种媒介完成了信息的传递，从而使蚂蚁群体在整体上表现出了一定的智能？研究发现，蚂蚁在寻找食物源时，能在其爬行经过的路径上释放一种称为信息激素(pheromone)的分泌物，也称为外激素。蚂蚁将信息素残留轨迹(trail)作为信息沟通的媒介与其他蚂蚁进行交互,并影响一定范围内的蚂蚁行为。某条路径上留下的信息素轨迹强度与该路径上通过的蚂蚁数量成正比,通过的蚂蚁越多,则信息素浓度越高;较高的信息素浓度反过来又影响更多的蚂蚁行为,使之选择该路径的概率提高(称为蚂蚁的转移概率),从而更进一步增强了既有的信息素浓度,这种过程被称为正反馈机制。蚂蚁群体正是通过这种互相协作的正反馈机制,在经过一段时间的信息素自催化行为(autocatalytic behavior)后,找到从食物源至巢穴的最短路径。

然而,蚂蚁群体的这种正反馈机制在某些情况下,可能会出现所谓的群体迷失现象。由于信息素的自催化作用,当某条路径上信息素浓度过高,其对蚂蚁的吸引力足够大,以至于此时即使出现更短路径,蚂蚁群体也未必能开辟出新路。为避免这种群体性迷失现象,可对信息素的初始值及其变化进行适当控制。例如,为避免初值敏感性,将信息素初始浓度设置为 0 或全相等;在蚂蚁群体寻优过程中,设置一定的信息素衰减,以扩大随机寻优范围等。

基本蚁群算法的主要实现步骤如下:

Step 1. 迭代次数、信息素及衰减因子等参数初始化;蚂蚁群体初始化。

Step 2. 计算各蚂蚁的目标函数值,记录最好解。

Step 3. 按转移规则,更新蚂蚁群体。

Step 4. 按信息素更新机制,修改信息素浓度。

Step 5. 若不满足停机条件,则转 Step 2;否则,转 Step 6。

Step 6. 输出当前最好的解。

在实际问题的优化中,蚂蚁转移概率、信息素更新机制,以及启发式因子等因素都将对蚁群优化算法的执行效率和寻优效果产生一定的影响。为避免因此造成算法过早收敛,增强 ACO 算法的可靠性以及全局搜索能力,人们设计了种种改进措施,如对轨迹强度设置相应上下界限的 MAX-MIN 系统,通过引入新的启发式因子以增加路径选择多样性等[29-31]；或将ACO与其他启发式算法相结合,形成各种混合型策略,让不同算法实现优势互补,共同提高寻优能力。一些学者将ACO与其他启发式算法相结合,用于困难组合优化问题的探索,详见后续章节。

2. 遗传算法

物竞天择、适者生存,是达尔文进化论的核心观点。自然界的优胜劣汰、物种进化主要通过选择、遗传和变异来实现,即大自然选择优良的个体,繁衍生息;同时,变异产生的多样化,给物种带来新的机会和可能性。遗传算法以达尔文的自然进化与遗传变异理论为基础,以"自然选择、适者生存"为原则,通过模拟生命群体的进化过程发展而来。GA借用大自然物种繁衍、进化的规律,通过选择和变异、竞争并协作的方式,实现优胜劣汰,进而一步步逼近问题的最优解。

1975年,John Holland出版了遗传算法领域第一本比较系统论述的专著 *Adaptation in natural and artificial system*（《自然系统和人工系统的自适应》）,标志着遗传算法的诞生。GA自被提出以来,在组合优化、人工智能等领域获得了广泛的应用,为许多复杂困难的问题提供了有效的解决办法[32-34]。

GA在求解优化问题时,不是单点寻优,而是着眼于种群,通过从种族全体中选择生命力强的个体产生新的种群,再使用随机转换的规则来工作。类似于生物遗传的机制,算法先将问题通过编码的方式,表示成"染色体"（通常是染色体群组）;再通过复制、交叉和变异等操作,对染色体（群组）不断进行优化;最终使染色体群组收敛到最佳个体,从而获得问题的最优解[35-37]。

遗传算法中常用的操作包括三个基本算子：繁殖（reproduction）,依托旧种群产生出新种群；交叉（crossover）,用于从父代生成子代；变异（mutation）,用于子代的基因突变。这里,繁殖和交叉确保了GA能产生可行的后代解,但有时也会丢失一些优质的遗传信息。此时,适当概率的变异（类似于基因突变）,能够扩大种群的范围,产生优良的基因以利于改善寻优结果。

遗传算法的基本步骤可描述为：

Step 1. 确定问题的编码方式，即染色体或基因的表示形式（如常用的二进制或十进制形式）。

Step 2. 随机生成初始解（初始种群）。

Step 3. 根据待求解问题目标，确定适应度函数。

Step 4. 从解组中按一定规则抽取若干个解作为父代。

Step 5. 对父代进行交叉、变异等遗传操作，产生后代解。

Step 6. 按预先设定的规则，用新生成的后代解替换原解组中的相应解。

Step 7. 判断停机条件，否则转 Step 4。

遗传算法求解问题的结果优劣，除了取决于遗传代数、解组规模，还与交叉、变异概率等因子的大小有关。遗传算法中的初始解一般是随机生成的，随机程度的优劣也在一定程度上影响着解的进化过程。现有文献对参与遗传操作的交叉和变异算子设有许多种类，分别适用于不同的问题，但至今未形成公认且统一的最佳形式，只能依据具体应用背景而定。

当然，不可避免地，遗传算法也存在一些固有的缺陷。例如，随机因素的存在，算法进化过程因具体问题不同而收敛速度快慢不一；对约束的处理尚无更加有效的手段；基本遗传算法进化到一定阶段便无法再产生新的优良基因；易陷入局部最优；等等。因此，在实际应用中，人们将遗传算法与其他启发式算法相结合的尝试，如与蚁群优化算法、神经网络、量子算法等的混合等，均取得了一定的效果。关于将遗传算法与其他算法相结合以改进问题的寻优结果的情形，本书后续章节将通过数值实验进一步验证。

3. 粒子群优化算法

粒子群优化算法是基于鸟群觅食行为规律发展而来的一种群体智能优化方法。1995 年，美国社会心理学家 James Kennedy 和电器工程师 Russell Eberhart 基于鸟类群体行为建模和仿真模拟结果研究，共同设计了粒子群优化算法，并将结果发表在 IEEE International Conference on Neural Networks 和 Sixth International Symposium on Micro Machine and Human Science 上，这标志粒子群优化算法的诞生[38-39]。

生物学家 Frank Hepper 在对鸟类群体的观察和研究中发现，鸟群中的某只鸟儿离群飞向另一栖息地，将引发鸟群中的其他个体陆续而至，直到这群鸟均迁徙至新的栖息地为止。Frank Hepper 基于这一发现，为鸟群行为建立模型。此后，James Kennedy 与 Russell Eberhart 在 Frank Hepper 模型的基础上进行修正，将单只鸟模拟成基本粒子，则鸟群就成为粒子群。单个粒子在解空间中飞翔，最终使粒子群体降落于解的最优处。

在 PSO 算法中，待优化问题的搜索空间类似于粒子飞行空间，粒子当前的位置代表问题的备选解，最优解可看作粒子将抵达的目的地（最优栖息地或食物源）。类似于鸟类的飞翔行为，PSO 算法中的粒子也具有简化的运动规则，如运动的方向与速度有规则，从而使粒子能模拟鸟类在解空间中任意飞翔。经过一段时间的运动迭代后，粒子群体便有望趋向于问题的最优解。

不同粒子在飞翔过程中存在着知识与经验的共享与交流。每个粒子既可依据自身搜索经验，又可参考其他粒子的搜索状态，调整下一步的搜索行为。这种个体之间的协作效益明显，基于个体间协作的信息交流和共享，正是 PSO 算法的搜索机理。此时的粒子就个体而言，具有一定的智能，这也类似于人类社会中人们进行决策时，既会参考个人过往的知识与经验，又希望了解群体中他人的经验与教训，从而在个体特质与群体社会性之间达到平衡。

粒子群优化算法的基本步骤如下：

Step 1. 在解空间中，随机初始化各粒子的初始位置和速度。

Step 2. 根据待优化问题，计算每个粒子的适应值。

Step 3. 对每个粒子，将其当前适应值与个体历史最优位置所对应的适应值进行比较；记录较优适应值及相应位置，并将其作为个体当前最好位置。

Step 4. 对每个粒子，将其当前适应值与全体粒子历史最好位置的所对应的适应值进行比较；记录较优适应值及相应位置，并将其作为群体当前最好位置。

Step 5. 对每个粒子，从当前位置出发，分别基于其历史最优位置与群体最优位置，更新粒子的速度、方向及位置。

Step 6. 进行停机条件判断，若未达停机条件，则转 Step 2。

得益于鸟类群体行为，POS 算法概念简单明了，易于理解和实现，且控制参数少，并行性良好[40]，自提出以来被广泛应用于组合优化、函数优化、人工神经网络等一系列优化问题中，尤其适合于科学研究与工程应用，在多目标优化、系统设计、机器人路径规划等应用领域表现突出[41-43]。

POS 算法随机地从多个初始点开始搜索，能在一定程度上避免限于局部最优。但在某些问题的求解中，POS 算法也不可避免地存在着收敛速度慢、易出现局部最优等"早熟"现象。因此，针对特定的优化问题，人们常将其与一些启发式策略相结合，以加快收敛速度和提高全局搜索能力。

4. 量子算法

量子计算（quantum computing，QC）是建立于量子力学基础之上的不同于经典计算的一种全新计算模式。关于量子计算，最早可以追溯到物理学界 Max Planck 于 1900 年提出的量子假设学说，但直到 1982 年美国物理学家 Richard Feynman 才率先提出将量子力学用于计算机系统的可能性。1985 年，英国学者 Deutsch 提出了第一个量子计算的模型，自此，量子计算才真正引起人们的关注，量子计算及其相关的理论才得以迅速发展起来[44]。

将量子计算技术与最优化思想相结合的优化方法称为量子算法。

相对于经典算法，量子算法在本质上充分利用了量子态（quantum state）的叠加性和相干性，以及量子比特位之间的纠缠性。经典计算理论对物理系统状态只有两种确定性的描述，要么为0，要么为1；而量子算法对状态的描述是非确定的。量子力学反映的是微观世界中物质的运动规律，由于粒子的波粒二象性，微观粒子的运动规律无法以宏观规律进行表述，人们只能借助概率的形式对其进行描述。相较于经典计算机中比特位的存储单位，学者们将量子计算机的基本存储单元称为量子比特（quantum bit, or qubit），也称为量子位。一个简单的量子系统是一个双态系统，以半自旋为例，可将自旋向上表示为0，自旋向下表示为1。除此以外，一个量子位还可处于0态和1态的叠加状态。

学者们通常以符号$|x\rangle$表示量子态，一个量子位的叠加可用单位向量$|\psi\rangle$表示，$|\psi\rangle$为二维复向量空间，则：

$$|\psi\rangle = \alpha|0\rangle + \beta|1\rangle$$

其中，$|0\rangle$与$|1\rangle$称为正交基态，α，β分别代表$|0\rangle$态或$|1\rangle$态出现概率的复数，其模满足归一化，即$|\alpha|^2 + |\beta|^2 = 1$。

若α，β取值分别为以下两种情形时，

(1) 当$\alpha = 1$，$\beta = 0$时，则$|\psi\rangle = |0\rangle$。

(2) 当$\alpha = 0$，$\beta = 1$时，则$|\psi\rangle = |1\rangle$。

此时，qubit相当于经典计算理论中的确定性比特位。

若α，β取值为一般复数，则qubit处于叠加态$|\psi\rangle = \alpha|0\rangle + \beta|1\rangle$。这也说明，在qubit中，不能得到经典计算中确定的0或者1，只能通过测量得到$|0\rangle$及$|1\rangle$的概率值，以及通常表现为某一些测量结果的概率分布。因此，一个qubit包含的信息比经典比特多得多。经典比特可以理解为量子比特的一个确定性的子集，属于量子态的特例。

相较于其他经典算法，量子算法最本质的特征在于量子可并行运算，因而能够获得超越经典计算的求解能力。量子算法能同时搜索问

题的所有可能解,这为一些 NP 难题的求解带来了希望,如著名的大数质因子求解问题。如给定一个足够大的整数,能否在有限的时间内找出其所有质数因子,这是一个公认的 NP 难题。20 世纪 90 年代,AT&T 贝尔实验室的计算机专家 Peter Shor 设计了第一个适用于量子计算机使用的算法,专门用于大数质因子的分解,通过将其转换为 P 问题而得以解决。

  这充分展示了量子计算机在信息处理方面的巨大潜力,但却无法确定其他的 NP 难题是否也存在这一转换机制。且迄今为止,还未出现真正意义上的量子计算机,量子计算所完成的实验只局限于少数几个量子比特的演示性实验。不过,有学者将量子算法特性与传统智能计算相结合,产生了一些混合量子算法,如量子蚁群算法、量子遗传算法等,在实际优化问题的应用中取得了不错的成效。量子算法本身的并行性,以及其在信息容量、计算速度、计算能力等方面的诸多优势,为一些困难组合优化问题的求解带来了新的希望。

第 2 章 最优树理论

2.1 最优树问题的研究背景及意义

在离散数学领域,学者们将连通且不含回路的一类图结构作为重要研究对象,称之为生成树(spanning tree)。针对给定的网络赋权图,如何找出一个满足最优代价条件的生成树的问题,称为图的最优树问题。

最优树在运筹学组合优化、网络设计和分析等领域中扮演着重要的角色,一直是古今中外学者研究的重要课题之一。现实生活中许多实例都可以归结为最优树问题。例如,电力系统的规划布局要求设计一个电网,该电网能把若干个城市用高压电缆连接起来,同时建造电网耗费的总成本最低(所用电缆总长度最短)。类似植物学中的树,在通信网络设计时,既希望通信信号能以最快的速度、无障碍地传输到每一个用户(枝叶)终端,又使网络通信耗费的总成本(时间成本、经济成本等)最小;在能源输送和管道铺设的规划设计中,设计者既要使能源顺利输送至目的地,又要考虑尽量缩减能源输送的在途距离,也即管道的长度,以使能源输送过程中的损耗降至最低。

诸如此类的应用还有很多,如集成电路/芯片主板设计、公共交通路网的布局等与人们的社会生产和经济生活密切相关的问题,当需要从全网的角度安排最大流量及网络中所有节点对之间的最大流量时,均可抽象为各种树相关的优化问题。因此，最优树问题的研究对优化工程生产相关设计、提升社会经济效率与效果具有重要的现实意义。

人们对最优树问题的研究由来已久，1926年，捷克数学家Boruvka在寻求电力线网的最优经济布局时，首次提出了最小生成树问题[45-46]，引起了社会各界的广泛关注。Graham和Hell[46]描述了最小生成树求解的三种算法框架，在此基础上提炼了三种经典方法之间的区别及联系，并从应用角度及方法的理论贡献层面，对其研究进行了总结。

随后，人们在对实际问题的观察和研究中发现，一般的最小生成树有时并不能满足实际问题的需要，由此，根据应用背景不同而扩展的最优树问题日益受到工业界及学术界的广泛重视。

Narula和Ho[47]在对电路系统的研究中发现，网络优化生成的最小生成树并非每个节点都可以随意连接任意多条边。人们需要对生成树上各节点的度数加以限制，即使各节点的度数不得超过预先给定的数值，且要求生成树的总权值和为最小，有学者由此提出了度约束最小生成树（degree-constrained minimum spanning tree，DCMST）问题。Gao等[48]结合不确定性理论，考虑了不确定性网络中的DCMST，并根据不确定性变量排序的不同标准，定义了三种DCMST模型。我国学者顾立尧用分支限界算法求解了小规模的带有度约束的最小耗费生成树问题[49]，但这种算法的复杂度为指数级，无法适用中型规模以上实际问题的求解。为解决这一问题，Singh和Sundar[50]提出了一种结合稳态遗传算法和局部搜索策略的混合遗传算法，Bui等[51]采用改进的蚁群算法，结合局部优化，构造出DCMST的优化解。大量数值实例的求解结果，验证了以上优化方法相较于一般元启发式算法的优越性能。

Kim等在对运输系统的研究中提出了双目标最小生成树（bicriterion minimum spanning trees，BCMST）问题[52]，并针对大规模问题的计算结果，讨论了邻域搜索的一种合理替代方案。将双目标推而广之到多目标情形，Santos 等[53]借鉴了多目标最短路的标号法，提出了一种可用于一定范围内任意目标个数的多目标最小生成树（multi-criteria minimum spanning tree，mc-MST）新算法，通过一系列算例测试，证明了新提出的方法相较于其他算法具有卓越性能。熊小华等[54]基于各种竞争机制和决策原理，提出了一种求解 mc-MST 的竞争决策算法，并优先于 Pareto 解集中的稀疏解附近探索非支配解，提高了 Pareto 解集的分布多样性，能形成明显的趋近 Pareto 前沿的理想解集。Parraga 等[55]针对 NSGA-Ⅱ在求解多目标问题早熟收敛和易于陷入局部最优的缺陷，采用 Pareto 局部搜索、Tabu 搜索等几种通用的局部搜索策略加以改进，实验结果表明，改进后的 NSGA-Ⅱ在 mc-MST 问题的求解上发挥了更好的性能。

考虑随机图中的有界直径最小生成树（bounded diameter minimum spanning tree，BDMST）问题，以及与每条边关联的权重为随机变量的随机最小生成树（stochastic minimum spanning tree，S-MST）问题，Torkestani[56]提出了一种基于学习自动机的近似优化算法，运行结果表明，这种近似算法在采样率及收敛速度上均具有一定的优势。

张伟和毛剑琴[57]在非线性系统的内膜控制中引入模糊树（Fuzzy Tree，FT）模型，通过自适应划分输入空间以获得模糊规则的方法，建立了非线性系统的内部模型和逆模型。仿真模拟结果表明，模糊树结合非线性控制系统的控制模型，具有较高的控制性能、较强的抗干扰能力及鲁棒性。

Custic 等[58]探讨了二次最小生成树（quadratic minimum spanning tree，QMST）问题及其各种变化形式，如二次瓶颈生成树问题、考虑冲突边约束的最小生成树问题、考虑冲突边约束的瓶颈生成树问题，以及其相应的求解方法。Guimaraes 等[59]将拉格朗日松弛应用于 QMST 问题的求解，研究了两种求解该问题的半定规划下界方法。

近年来，随着互联网的兴起，社会关系网络蓬勃发展，关于最小生成树在社会关系分析中的应用研究也日益繁荣。国内外一批学者已敏锐意识到,将最优树问题应用于关系网络研究具有重要价值与意义。

Barbi 和 Prataviera 等[60]将信息理论与网络分析相结合,研究了巴西金融市场中包含政治与经济作用在内的非线性相关性网络结构;讨论了交互共享信息最小生成树对巴西股权网络的非线性依赖性,且所得结论可用于指导未来的投资与决策。

Brunelli 和 Fedrizzi[61]借助模糊逻辑和 OWA 算子解释了社会关系网络中的 M 元邻接与二元邻接的关系,为研究社会关系网络中的最小生成树问题提供了一种表征方法。

鲍媛媛等[62]则对社会网络上的用户行为进行了深入分析,构建了一个用户信任网络。具体地,他们采用 Givan-Newman 算法,依据用户兴趣进行群体划分,在此基础上利用文本分析技术进行群体兴趣分析、确定群体营销内容;接着,他们基于用户信任网络最大生成树确定了关键传播路径,依据关键传播路径上的节点信任度指标,确定了营销的关键节点,从而达到精确化、差异化商业营销的目的。

由此可见,无论是在关乎国计民生的工业生产、规划设计领域,还是在涉及人们日常生活的商业开发、休闲娱乐范畴,最优树问题的研究,以及根据实际应用背景需要而扩展的关于最优树问题的探索,对当今社会的工业生产及经济生活都具有重要的理论意义和实用价值。

2.2 网络优化与最优树问题

2.2.1 图论与网络优化

马克思主义唯物辩证法认为,物质世界是普遍联系和永恒发展的。联系观和发展观是唯物辩证法的基本观点,能指导人们科学认识和改造世界。

人们在研究事物之间相互关系或联系时,通常用点代表事物,用一组边代表不同事物之间的联系。通过研究抽象图形中点与边的特性来反观现实世界,是为图论。

有关图论的研究至今已有几百年的历史,其起源可追溯至1736年,时年29岁的瑞士数学家Euler发表了图论方面的第一篇论文,讨论了著名的哥尼斯堡七桥问题。哥尼斯堡城中有条普雷格尔河,河中有两座小岛,河上有七座桥将岛与河岸相连。城中居民热衷于讨论这样一个问题:散步者能否走过七座桥,且每座桥只走一次,最后回到出发点?

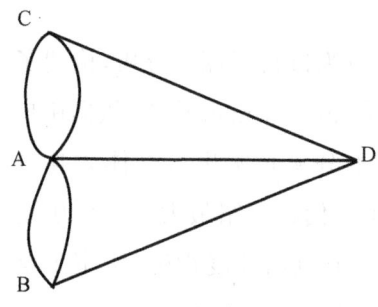

图2.1 哥尼斯堡七桥问题转换图

Euler将陆地抽象为点,桥抽象为线,将问题归结为如图2.1所示的一笔画问题,即能否从图中某一点开始,一笔不重复地画出该图,最后落笔至原出发点。Euler在论文中否定了这一可能性,原因是图中每个点所关联的边数均为奇数,不可能无重复地一笔画成,从而彻底解决了人们困惑已久的哥尼斯堡七桥问题。因此,Euler被后人视为图论的开创者,并被誉为"拓扑学的鼻祖"。

图是反映对象之间关系的一种工具,图论所考察的图不同于以往几何学与分析学中的图形。一般来说,线段的长短、曲直、位置等对于反映对象之间的关系无关紧要,图论仅考虑点与点之间由线连接的关系。

在离散数学和组合数学中,图由非空点集V,以及连接这些点的边集合E构成,记为$G=(V, E)$。其中,$V=V(G)=\{v_1, v_2, \cdots, v_n\}$,称为图$G$的顶点集(vertex set)或节点集(node set),V中元素v_i($i=1, 2, \cdots, n$)称为图的顶点(vertex)或节点(node);$E=E(G)=\{e_1, e_2, \cdots, e_m\}$,称为图$G$的边集合(edge set)。对于一个无向图而言,E中元素e_k为V中某两个元素v_i与v_j的无序对,记为$e_k=(v_i, v_j)$或$e_k=(v_j, v_i)$,e_k称为图G的一条边(edge)。

网络优化是图论的一个经典和重要的分支,也是一类特殊的组合优化类型。如前所述,从若干种可能的方案中找寻某种意义下的最优安排,是为优化问题;更为特别的,如果这些问题都易于用网络结构的形式直观描述和表达,则将这种与图形和网络相关的最优化问题,称为网络优化(network optimization)。

网络优化研究的问题与现实生活密切相关:涉及移动通信与网络技术、计算机科学与信息技术、交通运输工程、军事物流工程,以及经济与管理等领域的诸多问题,其理论与方法包含运筹学、信息论、控制论、管理科学等跨学科领域的多门类知识。网络优化的方法与技术为人们科学管理和有效控制网络,并发挥网络的最大价值提供了切实可行的优化工具。

网络优化主要研究的是与网络图相关的各种优化模型与算法。根据研究问题的不同,学者们通常给图的每条边赋予一定的属性值。如对 $G=(V,E)$ 中的每条边 (v_i,v_j),相应地有一个数 w_{ij},称这样的图 G 为赋权图或赋权网络图,w_{ij} 称为边 (v_i,v_j) 上的权。令 $W=(w_{ij})_{n\times n}(i,j\in V)$,则赋权网络图可表示为 $G=(V,E,W)$。

赋权网络图既能体现各节点之间的邻接关系,又将这种关系的紧密程度以数量值的形式加以表示。根据实际问题的需要,权值可以抽象为距离、时间、费用等不同的含义。赋权图在网络优化的理论与应用方面有着重要的地位,广泛应用于解决工程技术、生产管理,以及科学研究等各领域的最优化问题。

2.2.2 最优树及其扩展问题

2.2.2.1 最优树问题

树,是一类简单又非常有实用价值的图,在网络设计、电信布线、计算机科学、最短路连接、道路规划、有机化学分析、资金安排、计划与分配等大量领域都有着广泛的用途[63]。

定义 2.1 无圈的连通图称为树(tree)。

树具备以下一些性质：

性质 1 生成树的任意两顶点间有且仅有一条路径。

性质 2 树不含圈(回路)，但在任意两点间增加一条边，恰好得到一个圈(回路)。

性质 3 树的任意一条边均为割边，或称之为桥。

由性质3，可得到推论：任意去掉树的一条边后，为非连通图。

性质 4 含 n 个顶点的树，有 $n-1$ 条边。

日常生活中，树的例子有很多。旧时代的家族图谱、公司或企业组织架构图、网络等级层次分析、河流支流及分支等，均可表示为树的形式。例如，我国古典名著《红楼梦》中四大家族之一——贾府的家族图谱，就可用树表示，如图 2.2 所示。

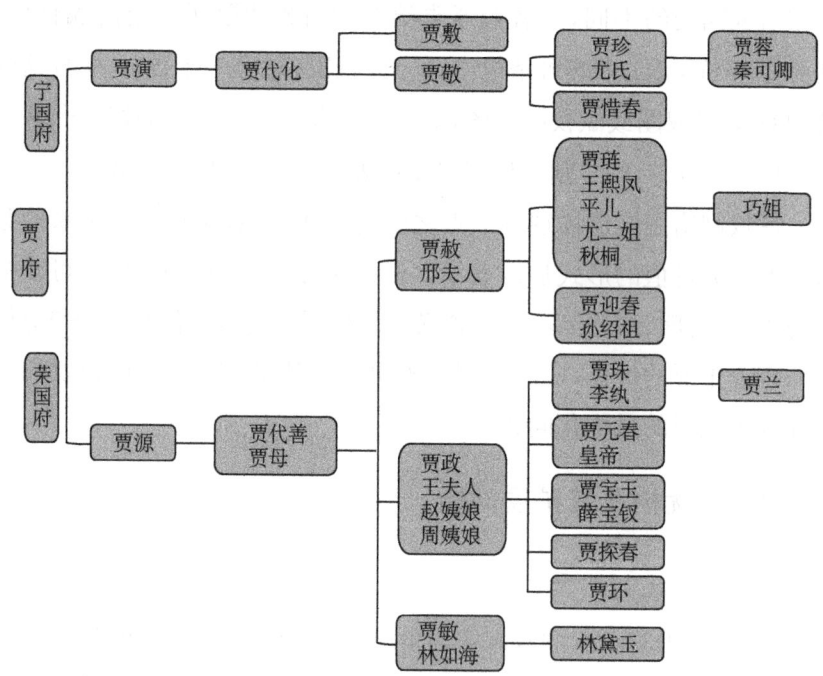

图 2.2 贾府主要人物关系树

邮政编码格式及早期的穿孔卡片分类也都是按照树的形式编制的,能够实现信件分拣自动化和网络数字化。以我国邮政编码格式为例,我国采用的是一种四级六位编码制。投递系统分为四级:省(直辖市、自治区)、邮区、县(市)及投递区。编码采用六位:前两位代表省(直辖市、自治区),第三位代表邮区(通常一个省份可划分为多个邮区),第四位代表县,最后两位数字代表投递区。例如,上海市的邮政编码中,首两位数 20,代表上海市;第三位数 0 代表市区,1 代表郊县,2 代表岛屿;第四位数代表县(市);最后两位数代表投递区。如图 2.3 所示。

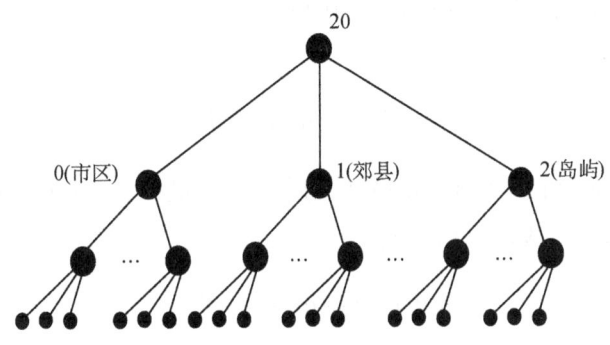

图 2.3　上海市邮政编码树图

树还广泛应用于计算机程序设计。例如,在分类问题中,如果每一中间点存在两种选择,或好坏、或大小、或对错……对应计算机内部逻辑值 0 和 1,是为二分法。在计算机程序设计或开关理论中,可用判定树形式表示。此外,计算机在存储数据时,如用最小树对应的最优方案存储二维矩阵数据,而非直接存储该矩阵的全部元素,则可有效节省计算机的存储空间。

定义 2.2　设有两个图 $G_1=(V_1,E_1)$,$G_2=(V_2,E_2)$,当 $V_1 \subseteq V_2$,$E_1 \subseteq E_2$,则称 G_1 为 G_2 的子图,记作 $G_1 \subseteq G_2$。

定义 2.3　当 $V_1=V_2$,$E_1 \subseteq E_2$,且保持 G_2 原有的连通性,则 G_1 为 G_2 的支撑子图。

定义 2.4 无圈的连通图称为树,如果此连通图恰为另一个图 G 的支撑子图,则该树称为图 G 的支撑树或生成树(spanning tree)。

根据 Prüfer 编码及 Cayley 定理可知,一个无向完全图的互异生成树共有 n^{n-2} 个。以赋权网络图 $G=(V,E,W)$ 为例,如 $T=(V,E')$ 是 G 的一个支撑树,则称 T 中所有边的权之和为支撑树 T 的总权重,记为 $w(T)$,即:

$$w(T) = \sum_{(v_i,v_j) \in T} w_{ij} \tag{2.1}$$

定义 2.5 图 G 的所有支撑树 T 中,总权重最小的树称为最小支撑树,或最小生成树(minimum spanning tree,MST),简称最小树,记作 T^*,即:

$$w(T^*) = \min_T w(T) \tag{2.2}$$

类似地,可将总权重最大的树称为最大生成树(maximum spanning tree),或最大树,即:

$$w(T^*) = \max_T w(T) \tag{2.3}$$

图的最小树与最大树,统称为图的最优树问题(optimal tree problem,OTP)。最优树通常还可按照如下方式定义:

定义 2.6 若 T^* 是 G 的一棵生成树,且对 G 的任何一棵生成树 T,有 $W(T^*) \leqslant W(T)$,则称 T^* 为网络图 G 的最小支撑树或最小生成树,简称最小树。同理,若 $W(T^*) \geqslant W(T)$,则称 T^* 为网络图 G 的最大支撑树,简称最大树。

2.2.2.2 最小生成树算法

最小生成树(minimum spanning tree,MST)[64]是运筹学组合优化中一个经典的基本问题,目前已有一系列成熟高效的算法可在多项式时间内进行求解。本节以最小生成树求解方法为例作简要说明。最大生成树问题通常可转换为最小生成树问题求解。

1. Boruvka 算法

1926 年,捷克数学家 Otakar Boruvka 在为 Moravskoslezsk 市设计有效电网时首次提出了 Boruvka 算法,这也是最早被提出的最小生成树算法。此后,波兰逻辑学家 Lukasiewicz 和 Steinhaus(1951) 及 Georges Sollin(1965) 对 Boruvka 算法进行了改进,因此,Boruvka 算法也被称为 Sollin 算法[65]。

算法的核心思想为:初始时,视图 G 为含有 n 个点的生成子树的森林;迭代过程中,找寻距每棵生成子树最近距离的另一棵树,并将其相连。其具体迭代步骤可叙述如下:

Step 1. 对 V 中任一节点 $i \in V$,令 $N_i = \{i\}$,$T^* = \varnothing$。

Step 2. if T^* 中已含 $n-1$ 条边,则输出 G 的最小树 T^*;否则对 T^* 中既有的子树节点集合 N_k,在边割 $[N_k, \overline{N_k}]$ 中选取 $w(e_k^*) = \min_{e \in [N_k, \overline{N_k}]} w(e)$,其中,$e_k^* = (i_k, j_k)$,$i_k \in N_k$,$j_k \in \overline{N_k}$。

Step 3. 将 T^* 中原有子树与 j_k 所在子树合并,同时置 $T^* = T^* \bigcup \{(i_k, j_k)\}$,转 Step 2。

从以上步骤可以看出,Boruvka 算法在每次迭代时可同时向外拓展多棵子树,因此尤其适合并行计算。由于每次迭代的结果都使至少一棵生成子树与另一棵生成子树相连,每次生成子树的总数将减少一半。设 m 为图 G 中边的条数,则不难推出,Boruvka 算法的时间复杂度为 $O(m \cdot \log_2 n)$。

2. Prim 算法

Prim 算法随机选择某一顶点,不断向外扩张,每次迭代时选择权重最小的边所对应的点加入,直到所有点均被选中。因此,Prim 算法就执行过程角度而言,又称"加点法"。其基本思想为:从图 G 中任一顶点开始,不断扩展一棵生成子树 $T = (V_0, E_0)$,直至 $V_0 = V$,囊括了图 G 中所有节点。

Prim 算法迭代步骤为:

Step 1. 任取图 G 中顶点 v, $v \in V$；令 $V_0 = \{v\}$, $E_0 = \varnothing$。

Step 2. 若 $V_0 = V$，算法结束,输出最小树 $T = (V, E_0)$；否则,转 Step 3。

Step 3. 若 $[V_0, \overline{V_0}] = \varnothing$，则 G 不连通,算法结束；否则,设 $w(e^*) = \min\limits_{e \in [V_0, \overline{V_0}]} w(e)$，其中, $e^* = (v_i, v_j)$, $v_i \in V_0$, $v_j \in \overline{V_0}$。令 $V_0 = V_0 \bigcup \{v_j\}$, $E_0 = E_0 \bigcup \{e^*\}$，并转 Step 2。

Prim 算法的关键步骤在于 Step 3,即不断选择权重最小的边 $w(e^*)$,并将所对应的点加入集合 V_0;对于含 n 个点的无向完全图而言,Step 3 至多执行 $n-1$ 次,因此,Prim 算法可在多项式时间内求得最优解,其时间复杂度为 $O(n^2)$。

3. Kruskal 算法

Kruskal 算法由 Kruskal 于 1956 年提出[66],其基本思想是：每次将一条权值最小的可选边加入生成子图 T 中,且满足树的要求,即加入的边不构成环。

Kruskal 算法具体步骤为：

Step 1. 将图 G 中边权值按由小至大顺序排列,即 $w(e_1) \leqslant w(e_2) \leqslant \cdots \leqslant w(e_m)$；令 $i=1$, $j=0$, $T=\varnothing$。

Step 2. if $T \bigcup e_i$ 含圈,转 Step 3；否则,转 Step 4。

Step 3. 令 $i = i+1$，若 $i \leqslant m$，转 Step 2；否则，算法结束, G 不连通。

Step 4. 令 $T = T \bigcup e_i$, $i = i+1$, $j = j+1$；若 $j = n-1$，算法结束,输出最小树 T;否则,转至 Step 2。

不同于 Prim 算法的加点思想,Kruskal 算法立足于生成树的边,每次在所有边中不断择取最小权重边加入最小树 T,因此又称"加边法"。设图 G 中的边数为 p,则 Kruskal 算法的时间复杂度为 $O(p \log_2 p)$。

可以看出,Prim 算法与图的边数无关,只与生成树顶点有关,算法始终保持一棵不断扩展的生成子树,因此适用于稠密网络[67];而 Kruskal 算法只与图的边数有关,适用于边数稀疏的网络图。

这三种求解最小生成树的算法,本质上都带有"贪婪"的特征,均是在目前情况下选择最小权重的边或点,不断将其加入以扩充成生成树。在迭代过程中,Boruvka 算法与 Kruskal 算法相同,维持多棵不相交的子树(森林);同时,Boruvka 算法与 Prim 算法类似,尝试向已有子树增加一条边。因此,从某种意义上而言,Boruvka 算法是另两种算法的综合。

这些算法稍作变形后,既可与其他启发式算法相结合,也可用于其他扩展类型最优树相关问题的算法设计与求解。

2.2.2.3 最优树的扩展问题

经典的 MST 问题已有确定型算法,可在多项式时间内进行精确求解,然而,对于其他一些与最优树有关的应用问题,人们至今未能找到有效的多项式时间算法,这些问题均属于 NP 难题范畴。除了前述 DCMST 问题,还有以下一些由实际应用抽象而来的扩展性问题。

1. 多目标度约束最小树问题

多目标最小生成树问题[68-70]与度约束最小生成树问题,分别是运筹学网络优化中的两个 NP 难题,在现实中均有重要的应用。从现有文献来看,已有研究或只关注生成树顶点度的约束,或仅考虑树中多个权重目标的情况,而由这两者构成的更为困难复杂的多目标度约束最小生成树(multi-criteria degree-constrained minimum spanning tree, mc-DCMST)问题,却鲜有文献涉及。

这类既考虑了顶点度约束,又满足了多个权重目标要求的 mc-DCMST 问题,可理解为另一种组合形式的多目标优化问题,亦属于 NP 难题范畴。传统的精确型算法无法胜任较大规模问题的求解,但这类问题在实际生活中却有着广泛的应用,尤其体现在工业生产及工程问题中。因此,研究这类问题的求解方案具有重要的理论意义与实用价值。

2. MIN-MAX 度约束最小生成树问题

DCMST 问题在预先给定生成树中各顶点度的限制下,要求生成的最优树各顶点度数不超过预先给定的数值[71-75],其组合含义是指从所有 n^{n-2} 个生成树中找出顶点度符合度约束且总权值最小的生成树。然而,现实中有时并不需要对顶点度数做具体限定,而只需使生成树中最大顶点的度数尽可能小,这类使生成树最大顶点度数最小的问题即为 MIN-MAX 度约束最小生成树问题。它的复杂程度低于严格意义下的 DCMST 问题,人们只需要对求解算法进行适当构造就能满足最大顶点度数尽可能小的要求。这类问题的快速求解方法适用于动态变化情况下需快速响应的实时动态网络规划问题。

3. 非线性最优树问题

从经典的最优树问题可以扩展出许多变形问题,如前述多目标问题及度约束问题等等。若考虑网络中多个边权值之间的另一种形式——比率形式,则可引申出网络图的最小比率生成树。进一步地,我们可将最优树根据实际应用需要,推广至非线性最优树问题[76-77]。

这种最小比率的思想来源于管理活动中经常使用的成本-效益观,要求所得生成树总耗费与总收益之比最小。在管理活动中经常会遇到这样的问题,这种最小比率最优树问题相对于单纯的最小耗费生成树,往往有其特殊的经济意义。

4. 二次最小生成树问题

相对一般的最小生成树而言,二次最小生成树(quadratic minimum spanning tree, Q-MST)问题则考虑了网络中的两种费用:一种是直接费用,即生成树的边权值总和最小;另一种是边之间的交互费用,即同时将一对边选入生成树时所产生的费用。Q-MST 问题也是一个 NP 难题[78-81],迄今仍缺乏有效解法。

面对许多工程问题,如远程通信网络的设计、城市间公路交通网的设计、能源输送管道系统的设计等,有时我们仅考虑两个节点之间的链路费用是不够的,还需要将边与边之间的通信费用、路与路之间的往来费用等计算在内,使所有链路的总花费最小,这些通常都可以抽象为 Q-MST 问题。

5. 最小 K-生成树问题

假设网络中有 n 个节点,要求任选其中 K($K \leqslant n$)个节点,使组成的生成树总权重最小,该问题称为最小 K-生成树问题(K-minimum spanning tree problem,KMSTP)。现实生活中有许多这样的例子。例如,互联网接入中的信息子网传递、次级路由线路的选择、工厂仓库运输线路规划等,均可抽象为最小 K-生成树问题,或以最小 K-生成树为其子问题[82-83]。

当 $K=n$ 时,最小 K-生成树问题即经典的最小生成树问题,已有一系列解决方法;而当 $K<n$,问题性质将截然不同。作为组合优化难题之一,其组合含义为:从所有生成子树中找出顶点个数为 K 且总权重最小的生成子树。由于生成子树个数可达 $C_n^K \cdot K^{K-2}$,随着问题规模的增大,我们不得不借助启发式方法来求解。

最优树及其相关问题不仅存在于工程应用领域,还存在于社会网络的应用中。人们从社会关系网络中个体与个体之间的关系、个体与群体之间的关系出发,通过数据计算与模拟分析,可探索将最优树相关理论应用于社会关系网络的优化研究中,从而发掘社会网络中与最优生成树有关的规律,找到基于网络的最大或者最小生成树,进而模拟和指导商业活动等社会行为。此外,作为一类重要的网络优化问题,最优树还与网络优化中其他 NP 问题有着千丝万缕的内在联系。给最优树加以一定限制,即可将其扩展为其他网络优化问题。例如,限制最优生成树的顶点度数,则可将其转换为一类经典旅行商问题,相关研究可参见本书后续章节。

第3章 考虑度约束的最优树问题及其优化算法

最优树问题最早产生于人类社会的工程领域。实践中关于最优树问题的最初的提法是：在一个包含 n 个节点的图中，生成树的节点度数可以不受限制，即每个节点的度数最大可达 $n-1$。在一些特殊的工程应用中，节点间的连接往往受各种因素的影响，节点的度数不能随意取值，因此，需要对树的各顶点度数加以约束，使其不超过预先给定的数值，这引申出最优树中关于度限制的一系列扩展问题，如度约束最小生成树问题、MIN-MAX 度生成树问题、MIN-MAX 度最小树问题等[84-86]。

3.1 多目标优化问题

3.1.1 多目标优化问题模型

多目标优化问题，最早可追溯到 1772 年 Franklin 提出的多目标矛盾的协调解决问题，但一般认为，多目标优化是由意大利学者 Pareto 于 1896 年提出的。由于多目标优化在人们生产生活中的广泛应用，其自提出起便受到越来越多研究人员的关注[87-91]。

目前，像 mc-MST 这样的多目标优化问题广泛存在于生产管理、工程设计及管理决策等国家经济生活的各行各业中。当人们面临的实际决策问题包含若干相互矛盾的目标时，人们通常都希望在有限的资源限制条件下,使这些目标共同达到最优,或至少能找到令决策者满意的结果。如何达到这种效果,即为多目标优化所要解决的问题。

无论在科学研究还是工程应用上,多目标优化问题一直是学术界研究的重点和难点。不同于单目标的优化,多目标优化问题一般具有多个最优解。例如,有 r 个待优化的目标,且这 r 个优化目标之间相互冲突,目标函数可表示如下:

$$f(X) = (f_1(X), f_2(X), \cdots, f_r(X)) \quad (3.1)$$

其中,决策向量 $X = (x_1, x_2, \cdots, x_n)$,满足如下约束条件:

$$g_i(X) \geqslant 0 \ (i = 1, 2, \cdots, k) \quad (3.2)$$

$$h_i(X) = 0 \ (i = 1, 2, \cdots, l) \quad (3.3)$$

多目标优化问题即寻求 $X^* = (x_1^*, x_2^*, \cdots, x_n^*)$,使 $f(X^*)$ 在满足约束(3.2)式和(3.3)式的同时,达到最优。其中,$X^* \in \Omega$,Ω 为满足(3.2)式和(3.3)式的可行解集,称为决策变量空间。

在(3.1)式中,不同的子目标函数可能有不同的优化目标,可最大化,亦可最小化。这种模型形式上的多样性给多目标问题的研究带来了极大不便,因此,为方便后续求解,我们可将不同的优化目标统一转化为最小化或最大化的标准形式。一般来说,我们可按下列方式,将最大化的目标统一转化为最小化目标形式:

$$\max f_i(X) = \min(-f_i(X)) \quad (3.4)$$

(3.4)式左边和右边具有相同的最优点,但目标函数值相差一个负号。

类似地,不等式约束(3.2)式也可统一转化为:

$$-g_i(X) \leqslant 0 \ (i = 1, 2, \cdots, k) \quad (3.5)$$

如此,便可将任何不同优化形式的多目标问题,统一转化为如下标准形式:

$$\min f(X) = (f_1(X), f_2(X), \cdots, f_r(X)) \quad (3.6)$$

$$\text{s. t.} \begin{cases} -g_i(X) \leqslant 0 \ (i=1, 2, \cdots, k) & (3.7) \\ h_i(X) = 0 \ (i=1, 2, \cdots, l) & (3.8) \end{cases}$$

3.1.2 多目标优化解的支配关系

在单目标情况下,只有一个待优化的目标函数,因此,我们只需比较不同决策向量下的单个目标函数值,即可判定单目标优化问题的最优解。而多目标优化问题是对多个子目标的同时优化,具有多个目标函数值,且这些子目标之间常常相互冲突。因此,多目标优化问题的最优解构成更为复杂,无法通过简单比较单个目标函数值来确定。

为说明多目标优化解之间的关系,这里以(3.6)式多目标优化问题为例,引入关于解的"支配关系"的相关概念。

定义 3.1 设 X_1 和 X_2 是多目标优化问题任意两个不同的解,当满足:①对所有子目标,X_1 不比 X_2 差,即 $f_k(X_1) \leqslant f_k(X_2)$ $(k=1, 2, \cdots, r)$;②至少存在一个子目标,使 X_1 比 X_2 好,即 $\exists l \in \{1, 2, \cdots, r\}$,使 $f_l(X_1) < f_l(X_2)$。此时,称 X_1 支配(Dominate) X_2。其中,X_1 为非支配的(non-dominated)解,或非劣解;X_2 为被支配的(dominated)解,或劣解。"X_1 支配 X_2"可表示为 $X_1 \succ X_2$,符号"$\succ$"表示支配关系(dominate relation)。

"支配关系"的定义因所求解多目标问题的具体形式而有所不同。如对于最小化形式的多目标优化问题,就目标值而言,"支配关系"是指较小的解支配较大的解。对于最大化形式而言,"支配关系"的定义则刚好相反。

以上 X_1 和 X_2 是来自决策空间中的两个不同的向量,对多目标优化问题而言,我们除了可在决策空间中定义解之间的支配关系,相应地,还可在目标空间中定义目标值之间的支配关系。

定义 3.2 设 $U = \{u_1, u_2, \cdots, u_r\}$ 和 $V = \{v_1, v_2, \cdots, v_r\}$ 是目

标空间中的两个目标值,当且仅当 $u_k \leqslant v_k (k=1, 2, \cdots, r)$;且 $\exists l \in \{1, 2, \cdots, r\}$,使 $u_l < v_l$ 时,称 U 支配 V,表示为 $U \succ V$。

由定义 3.1 可知,决策空间中解 X_1 和 X_2 的支配关系实际是由目标值 $f(X_1)$ 与 $f(X_2)$ 决定的,因此,定义 3.1 决策空间中的支配关系与定义 3.2 目标空间中的支配关系在本质上是一致的。

此外,为精确起见,解之间的支配关系还可按照程度上的差异分为弱非支配关系(weak nondominance)和强非支配关系(strong nondominance)。

定义 3.3 对于 $X, X^* \in \Omega$,若不存在 X,使 $f_k(X) < f_k(X^*)$ $(k = 1, 2, \cdots, r)$ 成立,则称 $X^* \in \Omega$ 为弱非支配解(weakly nondominated solution)。

定义 3.4 若不存在 $X \in \Omega$,使 $f_k(X) \leqslant f_k(X^*)$ $(k=1, 2, \cdots, r)$ 成立,且至少存在一个 $i \in \{1, 2, \cdots, r\}$,使 $f_i(X) < f_i(X^*)$,则称 $X^* \in \Omega$ 为强非支配解(strongly nondominated solution)。

因此,若 X^* 是强非支配解,则 X^* 也必然是弱非支配解;反之,则不成立。如图 3.1 所示,对于存在两个目标的多目标优化问题,强非支配解将落在实线部分,弱非支配解则落在虚线部分。

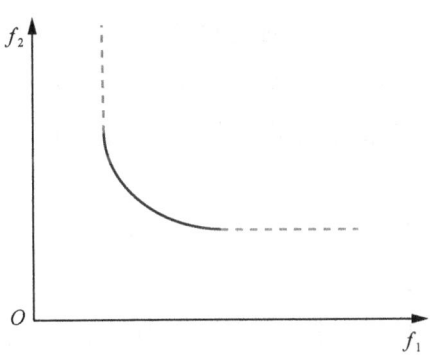

图 3.1 强非支配解和弱非支配解示例

3.1.3 Pareto 最优解

如前所述,多目标优化问题的最优解较单目标问题而言更为复杂,通常具有多个非支配的解。1896 年,意大利经济学家和社会学家 Pareto 在研究经济效率和收入分配问题时最先提出这一概念,人们便以其名字为之命名,称之为 Pareto 最优解(Pareto optimum solution),也称为 Pareto 有效(Pareto efficiency)。Pareto 最优解的定义,一般有如下几种形式:

定义 3.5 对多目标优化 $f(X)$,其最优解 X^* 定义为:

$$f(X^*) = \mathop{opt}\limits_{X \in \Omega} f(X) \tag{3.9}$$

其中,

$$f: \Omega \to \mathbb{R}^r \tag{3.10}$$

(3.10)式中,$\Omega = \{X \in \mathbb{R}^n \mid g_i(X) \geqslant 0, h_j(X) = 0 \ (i=1, 2, \cdots, k, j=1, 2, \cdots, l)\}$ 为决策变量空间,目标向量函数 $f(X)$ 将 $\Omega \subseteq \mathbb{R}^n$ 映射到集合 $\Pi \subseteq \mathbb{R}^r$,也就是说,将决策变量空间映射至目标函数空间,也可简称为将决策空间映射至目标空间。

定义 3.6 对于一个多目标优化问题 $\min f(X)$,若 $X^* \in \Omega$,不存在其他的 $\overline{X^*} \in \Omega$,使 $f_j(\overline{X^*}) \leqslant f_j(X^*)$ $(j=1, 2, \cdots, r)$ 成立,且其中至少一个是严格不等式,则称 X^* 是 $\min f(X)$ 的 Pareto 最优解。

其中,决策空间 $\Omega = \{X \in \mathbb{R}^n \mid g_i(X) \geqslant 0, h_j(X) = 0 \ (i=1, 2, \cdots, k, j=1, 2, \cdots, l)\}$。

定义 3.7 对于一个多目标优化问题 $\min f(X)$,设 $X_1, X_2 \in \Omega$,定义如下两种情形:

(1) 若 $f(X_1) \leqslant f(X_2)$,则称 X_1 比 X_2 优越。

(2) 若 $f(X_1) < f(X_2)$,则称 X_1 比 X_2 更优越。

令 $X^* \in \Omega$，若比 X^* 更优越的 $X \in \Omega$ 不存在，则称 X^* 为弱 Pareto 最优解；若 X^* 比任何 $X \in \Omega$ 都优越，则称 X^* 为完全 Pareto 最优解；若比 X^* 优越的 $X \in \Omega$ 不存在，则称 X^* 为强 Pareto 最优解。

其中，决策空间 $\Omega = \{X \in \mathbb{R}^n \mid g_i(X) \geqslant 0, h_j(X) = 0 \ (i = 1, 2, \cdots, k, j = 1, 2, \cdots, l)\}$。

以上几种关于 Pareto 最优解的定义分别着眼于不同的角度，定义 3.5 从理论上给出了 Pareto 最优解的一般性描述，定义 3.6 和定义 3.7 则从不同决策向量所对应目标函数值之间的关系给出了 Pareto 最优解的直观性描述。

实际应用中，满足 Pareto 最优解条件的决策变量往往不止一个，它们共同构成 Pareto 最优解集合（Pareto optimal set），用 $P^* = \{X^*\}$ 表示。

定义 3.8 对于一个多目标优化问题 $\min f(X)$，其最优解集 P^* 可定义为：

$$P^* = \{X^*\} = \{X \in \Omega \mid \neg \exists X' \in \Omega, \\ f_j(X') \leqslant f_j(X) \ (j = 1, 2, \cdots, r)\} \tag{3.11}$$

其中，X^* 称为多目标优化的非支配解（non-dominated solution），或非劣解（non-inferior solution）。所有非支配解的集合称为非支配解集（non-dominated solution set，NDSet）或非劣解集。

3.1.4 Pareto 最优边界

由所有非劣解构成的多目标优化问题的最优解集——Pareto 最优解集合，在目标空间中通常呈现出一定趋势，并有其独特的表现形式。学者们将多目标优化问题的 Pareto 最优解集在目标函数空间中的表现形式称为 Pareto 最优边界，也称为 Pareto 前沿。Pareto 最优边界可用 PF^* 或 PF_{True}（true pareto front）表示，定义为：

定义 3.9 对于一个多目标优化问题 $\min f(X)$ 和其最优解集

$\{X^*\}$，Pareto 最优边界可用目标向量空间中的一个子集表示：

$$PF^* = \{f(X) = (f_1(X), f_2(X), \cdots, f_r(X)) \mid X \in \{X^*\}\} \tag{3.12}$$

以最小化目标函数为例，图 3.2 为两个优化目标的 Pareto 最优边界示意图，所有 Pareto 最优解构成二维直角坐标系中的一条曲线。

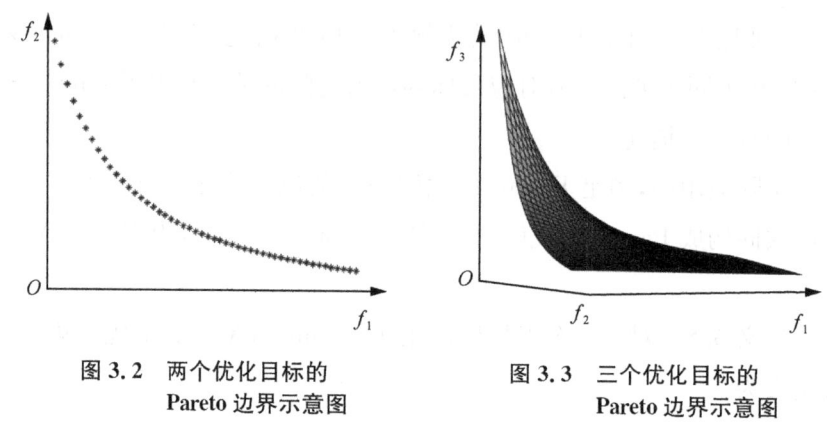

图 3.2　两个优化目标的
Pareto 边界示意图

图 3.3　三个优化目标的
Pareto 边界示意图

图 3.3 为三个优化目标的最优边界，所有 Pareto 最优解构成三维目标空间中的一张曲面；而三个以上优化目标的最优边界则构成多维空间中的超曲面。

3.1.5　多目标优化方法

求解多目标优化问题，最直接也最常用的方法称为聚集函数法，即将待优化的所有子目标，按一定的标准或依据化零为整。将多个子目标聚集（aggregate）或组合（combine）为单个目标，从而借助较为成熟的单目标优化方法进行求解。

一种较为简便的将多个目标转变为单个目标的方式为线性加权和法。以(3.6)式最小化多目标优化问题为例，目标向量中含有 r 个子目标，则这 r 个子目标的优化问题，可通过构造如下单目标问题进行求解：

$$\min \sum_{i=1}^{r} w_i \times f_i(X) \ (i=1, 2, \cdots, r) \tag{3.13}$$

其中，$w_i \geqslant 0 \ (i=1, 2, \cdots, r)$ 为第 i 个子目标的权重系数，可依据目标重要程度赋予其相应的数值。一组权系数 $W=(w_1, w_2, \cdots, w_r)^T$ 称为一个权向量，且一般有：

$$\sum_{i=1}^{r} w_i = 1 \tag{3.14}$$

(3.13)式所对应的单目标问题的最优解，即为多目标优化问题(3.6)在线性加权意义下的解。

一些学者就目标函数中权向量的选取方法进行了研究，并提出了几种可行的方法。郭金维等[92]将熵权法与层次分析法相结合，考虑主客观双重因素，提出了一种改进的熵权层次分析方法，经综合归一得到最终的指标权重。韩东和谢政[93]利用 P 级数法及分层法确定权系数，通过多次修正权系数求解了多目标规划问题。李鹏等[94]引入线性化谈判博弈对利益交互方进行分析建模，运用 Tchebycheff 法构建了 Pareto 前沿解集，在熵权系数与模糊分析基础上构建了主客观综合赋权法，得到多目标优化配置的方案。

在实际应用中，人们还常常碰到一类问题——在最坏的情况下寻求最好的结果。例如，经济活动中，人们要使最大损失最小；工业生产中，人们要使某种产品的最大耗费成本最低；等等。受这些实际问题的启发，学者们得到另一种处理多目标优化问题的方法。对形如(3.6)式的极小化多目标问题，可以先求取各目标函数的最大值，然后再寻求这些最大值中的最小值，即所谓的极大极小法：

$$U(X) = \min_{X \in \Omega} \{ \max_{1 \leqslant i \leqslant r} \{ f_i(X) \} \} \tag{3.15}$$

有时，也可给每个目标函数 $f_i(X)$ 赋予适当的权系数 λ_i，则(3.15)式可转化为：

$$U(X) = \min_{X \in \Omega}\{\max_{1 \leq i \leq r}\{\lambda_i \times f_i(X)\}\} \tag{3.16}$$

其中，$\lambda = (\lambda_1, \lambda_2, \cdots, \lambda_r)^T$ 为权向量。(3.15)式或(3.16)式所得最优解即为多目标优化问题在极大极小意义下的解。

此外，仍以极小化问题为例，如对所研究的多目标优化问题已有了深入了解，并能预先为每一个目标 $f_i(X)$ 给出一个预期的目标值 $f_i^*(X)$，并使其满足：

$$f_i^*(X) \leqslant \min_{X \in \Omega} f_i(X), \quad (i = 1, 2, \cdots, r) \tag{3.17}$$

则称 $f^*(X) = (f_1^*(X), f_2^*(X), \cdots, f_r^*(X))^T$ 为理想点。特别地，如：

$$f_i^*(X) = \min_{X \in \Omega} f_i(X) \tag{3.18}$$

则称 $f^*(X) = (f_1^*(X), f_2^*(X), \cdots, f_r^*(X))^T$ 为最理想的点。

这时，可在目标空间 $\Pi \subseteq \mathbb{R}^r$ 中引入某种距离函数，并考虑使预先给定的理想点与目标函数之间的距离最小。例如，基于闵可夫斯基(Minkowski)最短距离的表示形式为：

$$U(X) = \min_{X \in \Omega}\{\sum_{i=1}^{r}[f_i(X) - f_i^*(X)]^p\}^{\frac{1}{p}} \tag{3.19}$$

其中，p 是一个变参数：

当 $p = 1$ 时，$U(X)$ 为在曼哈顿(Manhattan)最短距离意义下的最优解；

当 $p = 2$ 时，$U(X)$ 为在欧氏(Euclidean)最短距离意义下的最优解；

当 $p \to \infty$ 时，$U(X)$ 为在切比雪夫(Chebyshev)最短距离意义下的最优解。

对于多目标问题的优化，除了以上种种处理方法以，我们还可先根据目标的优先级次序排序，再依次在前一个目标函数求解的基础上，逐层次求解，即所谓"分层次序列法"；也可根据决策者在每一个具体方案上的局部偏好信息,通过与决策者进行逐步交互,求得更加符合决策人偏好的解,即所谓"交互规划法"。

此外,在实际应用中,人们还常常根据所求问题的特点,引入一些启发式优化方法,尤其是针对诸如多目标最优树这类困难的组合优化问题,研究适应问题特点且能有效求解的多目标优化方法,具有重要的理论意义和应用价值。

目前对于既满足度限制要求,同时又考虑多个目标的最优树优化问题,缺乏实用的算法。本书对此类多目标最优树问题的优化进行了一系列探索性的研究,为这类离散型多目标优化难题设计了若干解决方案,以期为多目标最优树问题的实际应用提供若干方法和技术上的支持。

3.2 多目标度约束最小生成树及其优化算法

3.2.1 问题背景

由于就一般情形而言,DCMST 问题已归入 NP 难题范畴[95-96],对于小规模的 DCMST 问题,尚可采用确定型算法得到问题的最优解,如 Narula 等最先提出的分枝定界法(branch and bound algorithm)、Andrade 等提出的基于双重解信息的 Lagrangian 算法、Caccetta 采用的分枝切割法(branch and cut algorithm)等[97],以及随着问题规模的增大产生的一些近似优化方法。而对于 mc-MST 问题,如前所述,竞争决策、邻域搜索等各种策略的启发式方法,均可用于求解多目标最小生成树问题。

现有文献对 DCMST 问题及 mc-MST 问题一般分别进行研究,本书将两者综合考虑,构成更为复杂困难的多目标度约束最小生成树(multi-criteria degree-constrained minimum spanning tree, mc-DCMST)问题。显然,这类 mc-DCMST 问题亦属于 NP 难题,传统的精确型解法短时间内难以胜任较大规模问题的求解。

这类 mc-DCMST 问题在社会生产中的应用屡见不鲜。例如，在设计集成电路板芯片时，设计者除了需要考虑各顶点度的约束，还需要同时考虑布线费用最经济、长度最短、可靠性最高（脆弱性最低）等要求。类似的应用还可推广到动态路由路径选择、管道铺设、电路网络、运输系统中等，因此，研究这种多目标情况下的 mc-DCMST 问题具有重要的现实意义。

3.2.2 多目标度约束最小生成树问题数学模型

设 $G=(V,E,W)$ 为赋权无向连通图，$V=\{1,2,\cdots,n\}$ 为顶点集，$E=\{e_1,e_2,\cdots,e_m\}$ 为边集，若边 e_k 的顶点为 i 和 j，则记 $e_k=(i,j)$。顶点间的权矩阵为 $W=(w_{ij}^r)_{n\times n}$，其中，$w_{ij}^r>0, w_{ii}^r=+\infty, i\in V, j\in V, r=1,2,\cdots L$，$L$ 为各边上权的个数（即目标的个数）。令各顶点的度限制为 $b_i(i=1,2,\cdots,n)$，并设：

$$x_{ij}=\begin{cases}1, & 边(i,j)在最优树上\\ 0, & 其他\end{cases} \quad (3.20)$$

则 mc-DCMST 问题可表示为如下的数学规划模型：

$$\min Z_1(x)=\sum_{i=1}^n\sum_{j=1}^n w_{ij}^1 x_{ij}, \quad (3.21)$$

$$\vdots$$

$$\min Z_L(x)=\sum_{i=1}^n\sum_{j=1}^n w_{ij}^L x_{ij}, \quad (3.22)$$

$$\text{s.t.}\begin{cases}\sum_{i=1}^n\sum_{j=1}^n x_{ij}=n-1 & (3.23)\\ \sum_{i\in S}\sum_{j\in S} x_{ij}\leqslant |S|-1, \forall S\subset V, S\neq\varnothing & (3.24)\\ \sum_{j=1}^n x_{ij}\leqslant b_i, i\in V & (3.25)\\ x_{ij}\in\{0,1\} & (3.26)\end{cases}$$

其中,约束(3.23)和约束(3.24)满足了树的要求,即不形成圈式环;约束(3.24)中,$|S|$为集合S中所含图G的顶点个数,保证了生成树中没有任何子回路的产生。前两个约束保证了所得解为一棵树,约束(3.25)则保证生成树对顶点度的要求。

多目标优化问题的解是一种所谓的"折衷解""非劣解",因而按3.2节关于多目标优化问题Pareto解的定义,我们可以把mc-DCMST的解定义如下:

定义3.10 给定图G的各边有L个权值,则在生成树各顶点满足度约束的前提下,使相应L个目标值都尽可能小的解,称为这个mc-DCMST的Pareto解。一棵生成树T是Pareto解,意味着不存在任何其他生成树T',使:

$$Z_r(T') \leqslant Z_r(T), \quad r=1,2,\cdots,L \tag{3.27}$$

其中,上述L个不等式中,至少有一个严格成立(Z_r为相应生成树的目标函数值)。

3.2.3 mc-DCMST问题的优化算法

本节将蚁群优化算法的思想应用于多目标情形下的DCMST问题,设计相应的求解方案。

在给出mc-DCMST问题的蚁群优化方案之前,我们先对算法中相关变量和参数进行说明。

设蚁群中蚂蚁的数量为m,系统初始将m个蚂蚁置于图G的n个顶点上;各蚂蚁根据概率转移规则进行移动,在t时刻第k个蚂蚁从节点i移至节点j的转移概率为:

$$P_{ij}^k(t) = \begin{cases} \dfrac{[\tau_{ij}(t)]^\alpha \cdot [\eta_{ij}(t)]^\beta}{\sum_{l \in U_k}[\tau_{il}(t)]^\alpha \cdot [\eta_{il}(t)]^\beta}, & j \in U_k \\ 0, & \text{其他} \end{cases} \tag{3.28}$$

其中，$\tau_{ij}(t)$ 表示在 t 时刻边 (i,j) 上的信息素轨迹强度，η_{ij} 为边 (i,j) 的能见度(visibility)，这里取 $1/w_{ij}^r$；α 为轨迹强度的相对权重，体现信息素对蚂蚁选择路径的影响大小，$\alpha \geqslant 0$；β 为能见度的相对权重，$\beta \geqslant 0$；U_k 为第 k 个蚂蚁下一步允许移动的点集合。由于考虑了顶点度约束的要求，蚂蚁只能移动到顶点度符合要求且未曾访问过的节点，直至形成一棵生成树。

当 m 个蚂蚁按约束要求结束移动后，其经过的每条边都留下了信息素。设 $\Delta\tau_{ij}^k$ 为蚂蚁 k 在边 (i,j) 上留下的单位长度轨迹信息素数量，$\Delta\tau_{ij}^k$ 按以下 3 种形式定义：

(1) Ant-Cycle 模型。

$$\Delta\tau_{ij}^k = \begin{cases} Q/Z_k, & \text{若}(i,j)\text{在最优路径上} \\ 0 & \text{其他} \end{cases} \tag{3.29}$$

(2) Ant-Density 模型。

$$\Delta\tau_{ij}^k = \begin{cases} Q, & \text{若}(i,j)\text{在最优路径上} \\ 0, & \text{其他} \end{cases} \tag{3.30}$$

(3) Ant-Quantity 模型。

$$\Delta\tau_{ij}^k = \begin{cases} Q/d_{ij}, & \text{若}(i,j)\text{在最优路径上} \\ 0 & \text{其他} \end{cases} \tag{3.31}$$

模型中，Q 为单个蚂蚁所留轨迹强度常数；Z_k 为第 k 个蚂蚁在本轮计算中所得目标函数值。

当 m 个蚂蚁按约束要求完成一次搜索后，边 (i,j) 上的信息素浓度增加量为：

$$\Delta\tau_{ij} = \sum_{k=1}^{m} \Delta\tau_{ij}^k \tag{3.32}$$

仿照现实世界中蚂蚁信息素浓度随时间推移而逐步减弱的特征，这里设置信息素的持久性为 ρ（$0 \leqslant \rho < 1$），则 $1-\rho$ 为信息素的挥发程度，于是边 (i,j) 上信息素的更新方程为：

$$\tau_{ij}^{new} = \rho \cdot \tau_{ij}^{old} + \Delta\tau_{ij} \tag{3.33}$$

每个蚂蚁依次进行 N 轮循环后,便可得到问题的一个优化解。

基于蚁群优化思想的 mc-DCMST 问题求解算法主要步骤可叙述如下:

Step 1. 设定迭代次数 nc,初始化 $nc=0$,$\tau_{ij}=c$(c 为任一较小的正数),$\Delta\tau_{ij}=0$;将 m 个蚂蚁随机放置于 n 个顶点上。

Step 2. 将各蚂蚁的初始出发点置于当前解集中。

Step 3. 随机产生 L 个权重 $\lambda_r (r=1,2,\cdots,L)$,$\sum_{r=1}^{L}\lambda_r=1$,令 $w_{ij}=\sum_{r=1}^{L}\lambda_r w_{ij}^r$。

Step 4. 每个蚂蚁 k 在符合顶点度约束的条件下,按概率 $P_{ij}^k(t)$ 转移到顶点 j,并将顶点 j 置于当前解集;更新当前各顶点的度限制。

Step 5. 计算各蚂蚁的目标函数值 $Z_k(k=1,2,\cdots,m)$,记录当前最好解 Z_{opt} 及相应最小生成树 $T=\{(i,j)\in E_T\}$。

Step 6. 依次对各边计算信息素轨迹增量 $\Delta\tau_{ij}=\Delta\tau_{ij}+\sum_{k=1}^{m}\Delta\tau_{ij}^k$。

Step 7. 按轨迹更新方程修改信息素轨迹强度 $\tau_{ij}=\rho\cdot\tau_{ij}+\Delta\tau_{ij}$。

Step 8. 置 $\Delta\tau_{ij}=0$,$nc=nc+1$,若 $nc<$ 预定迭代次数且无退化行为,则转 Step 2,否则转 Step 9。

Step 9. 计算最小生成树的 L 个目标函数值 $Z_r=\sum_{i,j\in E_T}x_{ij}w_{ij}^r$,$(r=1,2,\cdots,L)$,输出相应最小生成树 $T=\{(i,j)\in E_T\}$。

在每次迭代过程中,计算各边信息素浓度的增量时,算法在公式(3.29)至公式(3.31)3 种模型中随机选取,即随机采用一种 $\Delta\tau_{ij}^k$ 模型。同时,为避免某些边信息素浓度过大而陷入局部最优,尤其对轨迹更新中的轨迹强度 τ_{ij} 设置了上下限,以限制个别蚂蚁对信息素轨迹的影响,从而使搜索有机会跳出局部极值。这里,设定 $\tau_{min}\leqslant\tau_{ij}\leqslant\tau_{max}$($\tau_{max}=1/((1-\rho)\cdot Z_{opt})$,$\tau_{min}=\tau_{max}/5$)。

当蚂蚁个数 m 与问题规模 n 相等,且迭代次数为 nc 时,不难估算,以上 mc-DCMST 问题蚁群优化算法的时间复杂度为 $O(nc \cdot n^3)$。

3.2.4 计算实验

上述求解 mc-DCMST 问题的蚁群优化算法可以用 Embarcadero Delphi 编程实现,在 Windows 7 环境下编译运行。我们经数值算例测试和计算比较,获得了满意的效果。本节分别给出两个目标及三个目标的数值实例计算结果和算法性能分析。

【例 3.1】 采用熊小华等[54]研究中的数值实例,已知顶点个数 $n=9$,目标个数 $L=2$,边属性值 w_{ij}^1 和 w_{ij}^2 分别为:

$$w_{ij}^1 = \begin{bmatrix} \infty & 10 & 79 & 41 & 39 & 54 & 31 & 46 & 53 \\ 10 & \infty & 31 & 11 & 30 & 6 & 89 & 9 & 26 \\ 79 & 31 & \infty & 86 & 5 & 84 & 84 & 26 & 75 \\ 41 & 11 & 86 & \infty & 47 & 46 & 1 & 17 & 96 \\ 39 & 30 & 5 & 47 & \infty & 28 & 94 & 71 & 2 \\ 54 & 6 & 84 & 46 & 28 & \infty & 78 & 42 & 55 \\ 31 & 89 & 84 & 1 & 94 & 78 & \infty & 3 & 41 \\ 46 & 9 & 26 & 17 & 71 & 42 & 3 & \infty & 91 \\ 53 & 26 & 75 & 96 & 2 & 55 & 41 & 91 & \infty \end{bmatrix},$$

$$w_{ij}^2 = \begin{bmatrix} \infty & 62 & 76 & 95 & 50 & 62 & 10 & 13 & 37 \\ 62 & \infty & 89 & 77 & 65 & 71 & 70 & 67 & 17 \\ 76 & 89 & \infty & 100 & 95 & 23 & 10 & 92 & 79 \\ 95 & 77 & 100 & \infty & 7 & 12 & 11 & 84 & 23 \\ 50 & 65 & 95 & 7 & \infty & 89 & 39 & 39 & 38 \\ 62 & 71 & 23 & 12 & 89 & \infty & 84 & 93 & 62 \\ 10 & 70 & 10 & 11 & 39 & 84 & \infty & 33 & 88 \\ 13 & 67 & 92 & 84 & 39 & 93 & 33 & \infty & 68 \\ 37 & 17 & 79 & 23 & 38 & 62 & 88 & 68 & \infty \end{bmatrix}$$

第 3 章 考虑度约束的最优树问题及其优化算法

在无顶点度约束的情况下,熊小华等[54]共求得该算例的 28 个 Pareto 解。但如果给该图的各顶点加以度数限制,则问题的结果将截然不同。我们需要从所有 4 782 969 棵(9^7)生成树中,找出顶点度符合约束,且总权重最小的 Pareto 意义下的最优解。

算法中参数取 $\alpha,\beta=1,2,3$,$\rho=0.7$,迭代次数为 10 000,各运行 10 轮。

(1) $b_i=2$,$(i=1,2,\cdots,9)$,计算结果如表 3.1 所示。

表 3.1 计算结果 1

序号	(Z_1, Z_2)	$T=\{e \in E_T\}$
1	(135, 290)	(1, 8), (8, 7), (7, 4), (4, 6), (6, 2), (2, 9), (9, 5), (5, 3)
2	(99, 414)	(9, 5), (5, 3), (3, 8), (8, 7), (7, 4), (4, 6), (6, 2), (2, 1)
3	(139, 281)	(5, 3), (5, 9), (9, 2), (2, 1), (1, 8), (8, 7), (7, 4), (4, 6)
4	(366, 130)	(2, 9), (9, 5), (5, 4), (4, 6), (6, 3), (3, 7), (7, 1), (1, 8)
5	(243, 190)	(8, 1), (1, 7), (7, 4), (4, 5), (5, 9), (9, 2), (2, 6), (6, 3)
6	(94, 497)	(5, 9), (5, 3), (3, 8), (8, 7), (7, 4), (4, 1), (1, 2), (2, 6)
7	(218, 209)	(5, 9), (9, 2), (2, 1), (1, 8), (8, 7), (7, 4), (4, 6), (6, 3)

(2) $b_4=b_7=1$,其余 $b_i=2$,计算结果如表 3.2 所示。

表 3.2 计算结果 2

序号	(Z_1, Z_2)	$T=\{e \in E_T\}$
1	(222, 293)	(6, 4), (6, 3), (3, 5), (5, 9), (9, 2), (2, 1), (1, 8), (8, 7)
2	(417, 217)	(5, 4), (5, 8), (8, 1), (1, 9), (9, 2), (2, 6), (6, 3), (3, 7)
3	(188, 348)	(4, 6), (6, 2), (2, 9), (9, 5), (5, 3), (3, 8), (8, 1), (1, 7)
4	(337, 241)	(6, 4), (6, 3), (3, 2), (2, 9), (9, 5), (5, 8), (8, 1), (1, 7)
5	(249, 275)	(1, 7), (1, 8), (8, 2), (2, 9), (9, 5), (5, 3), (3, 6), (6, 4)

(3) $b_5=b_7=1$,其余 $b_i=2$,计算结果如表 3.3 所示。

表 3.3 计算结果 3

序号	(Z_1, Z_2)	$T = \{e \in E_T\}$
1	(241, 268)	(5, 9), (9, 2), (2, 1), (1, 8), (8, 3), (3, 6), (6, 4), (4, 7)
2	(463, 199)	(3, 7), (3, 6), (6, 4), (4, 9), (9, 2), (2, 1), (1, 8), (8, 5)
3	(209, 348)	(4, 7), (4, 6), (6, 2), (2, 9), (9, 1), (1, 8), (8, 3), (3, 5)
4	(190, 484)	(7, 4), (4, 8), (8, 3), (3, 2), (2, 6), (6, 1), (1, 9), (9, 5)
5	(336, 231)	(7, 8), (8, 1), (1, 9), (9, 2), (2, 3), (3, 6), (6, 4), (4, 5)

(4) $b_7 = b_9 = 1$,其余 $b_i = 2$,计算结果如表 3.4 所示。

表 3.4 计算结果 4

序号	(Z_1, Z_2)	$T = \{e \in E_T\}$
1	(414, 183)	(9, 2), (2, 1), (1, 8), (8, 5), (5, 4), (4, 6), (6, 3), (3, 7)
2	(142, 394)	(7, 4), (4, 6), (6, 2), (2, 1), (1, 8), (8, 3), (3, 5), (5, 9)
3	(381, 199)	(9, 2), (2, 8), (8, 1), (1, 5), (5, 4), (4, 6), (6, 3), (3, 7)
4	(256, 288)	(2, 9), (2, 8), (8, 1), (1, 5), (5, 3), (3, 6), (6, 4), (4, 7)
5	(133, 557)	(5, 9), (5, 3), (3, 8), (8, 6), (6, 2), (2, 1), (1, 4), (4, 7)
6	(269, 277)	(8, 7), (8, 1), (1, 2), (2, 3), (3, 6), (6, 4), (4, 5), (5, 9)

【例 3.2】 $n = 20$,$b_i = 2 (i = 1, 2, \cdots, 20)$,$L = 2$,$w_{ij}^1$ 与 w_{ij}^2 边属性值矩阵由 $[0, 50]$ 的伪随机数构成。取参数 $\alpha, \beta = 1, 2, 3$,$\rho = 0.7$,迭代 1 000 次,运行 30 轮后可得 19 个 Pareto 解,解集分布如图 3.4 所示。数值实例及 Pareto 解集见附录 1。

目前已有文献大多以 2 个目标为例,本书对含 3 个目标的 mc-DCMST 问题进行测试,通过 Pareto 解集在目标空间中的分布,将目标空间从二维平面推广至三维(多维)空间,进一步检验算法的有效性。

【例 3.3】 $n = 20$,$b_i = 2 (i = 1, 2, \cdots, 20)$,$L = 3$,边属性值矩阵由 $[0, 100]$ 的伪随机数构成,且服从均匀分布,其中不存在的

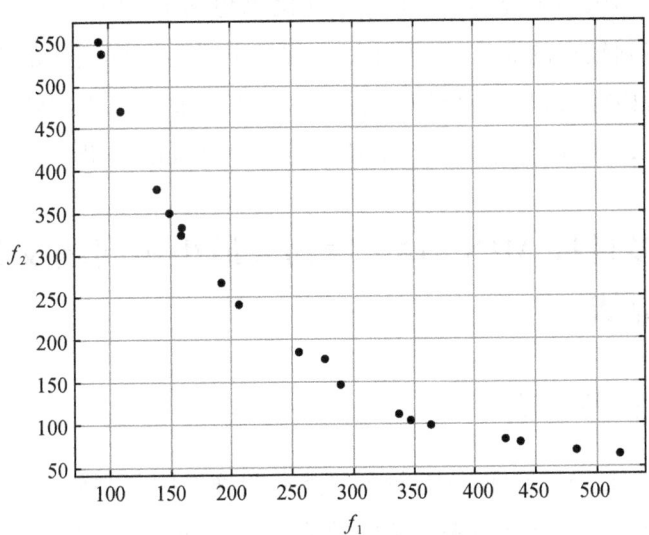

图 3.4　两个目标的 Pareto 解集散点图

边权值定义为 0。算法参数取值同前,迭代 100 000 次,运行 60 轮后所得 Pareto 解集分布如图 3.5 所示。数值实例及 Pareto 解集见附录 2。

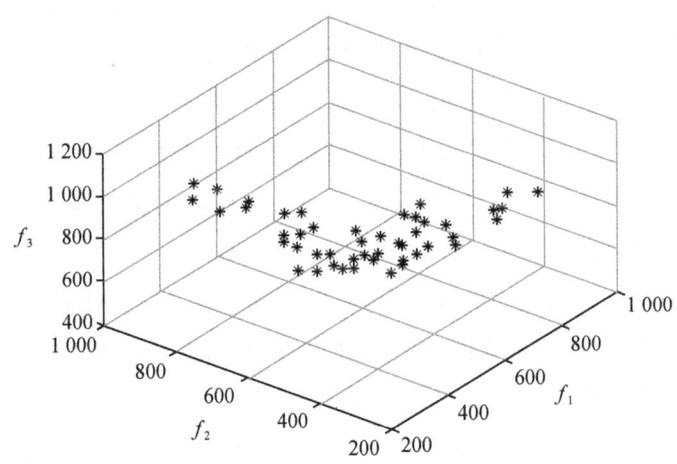

图 3.5　三个目标的 Pareto 解集散点图

数值测试结果显示，基于蚁群优化思想的 mc-DCMST 问题求解算法能得到较多的非劣解，可在一定程度上满足实际问题的需要。即便问题规模较大，顶点度约束较紧时，算法所求得的非劣解集分布也较为稠密，分布趋势能形成一个较为明显的 Pareto 前沿。

3.3 多目标 MIN-MAX 度约束最小树问题及其优化算法

3.3.1 问题背景

在 mc-DCMST 问题中，每个顶点有明确的度限制要求，即生成树各顶点度数不应超过预先给定的数值 $b_i(i \in V)$。然而，在某些实际应用中，人们有时并不能未卜先知地预先给出每个节点的度限制，抑或网络实际性能关键取决于生成树网的最大顶点度数(瓶颈限制)，此时，只需满足使生成树最大顶点度数最小的要求即可，尤其针对一些对最大顶点度极度敏感的问题，或动态变化环境下需快速响应的实时动态网络规划问题等。例如，人们设计实时响应的通信子网时，为防止某一时刻由于单个节点过度负载而导致的网络拥塞，需考虑使网络生成树的最大负载节点度数最小，以减少网络阻塞的概率和风险。类似地，人们在设计管道排放系统或应急疏散过程中，为防止某些节点过度拥堵造成疏通能力下降，也需考虑使生成树网的最大顶点度数尽可能小，以便提高在紧急状况下的应急响应能力。

此类实例共同关注的顶点度问题，即典型的 MIN-MAX 度生成树问题。此外，一些需要实时、快速响应的动态网络系统更会涉及带有多目标的复合 MIN-MAX 度生成树问题。

鉴于许多实际问题都可抽象归结为 NP 难题或其混合型问题，而目前国内外这方面的研究又相当欠缺，本书将对一般的多目标 MIN-MAX 度最小树问题建立数学模型，并设计相应的求解方法。

3.3.2 多目标 MIN-MAX 度最小树问题数学模型

设 G 为一简单图，G 中无环，也无多重边。赋权无向连通图 $G = (V, E, W)$，$V = \{1, 2, \cdots, n\}$ 为顶点集，n 为顶点个数，$E = \{e_1, e_2, \cdots, e_m\}$ 为边集，各边上权重属性值记为 w_{ij}^r ($w_{ij}^r > 0$，$w_{ii}^r = +\infty$，$i, j \in V$，$r = 1, 2, \cdots, L$)，L 为目标个数，并设：

$$x_{ij} = \begin{cases} 1, & \text{边}(i, j) \text{在最优树上} \\ 0, & \text{其他} \end{cases} \quad (3.34)$$

则多目标 MIN-MAX 度最小树问题可表示为如下的数学规划模型：

$$\min Z_0 = \max \sum_{j=1}^n x_{ij} \quad (3.35)$$

$$\min Z_1 = \sum_{i=1}^n \sum_{j=1}^n w_{ij}^1 x_{ij} \quad (3.36)$$

$$\vdots$$

$$\min Z_L = \sum_{i=1}^n \sum_{j=1}^n w_{ij}^L x_{ij} \quad (3.37)$$

$$\text{s.t.} \begin{cases} \sum_{i=1}^n \sum_{j=1}^n x_{ij} = n - 1 & (3.38) \\ \sum_{i \in S} \sum_{j \in S} x_{ij} \leqslant |S| - 1, \forall S \subset V, S \neq \varnothing & (3.39) \\ x_{ij} \in \{0, 1\} & (3.40) \end{cases}$$

与 mc-DCMST 类似，约束(3.38)保证了所得解的边数满足树的基本要求和性质；约束(3.39)确保了所得解中没有任何子回路的产生。与 mc-DCMST 模型不同的是，约束中没有对生成树中每个顶点度的具体数值进行限制，而将对最大顶点度最小的要求体现于目标(3.35)中。在多目标 MIN-MAX 度最小树模型的 $L+1$ 个目标序列中，目标(3.35)的作用在于使生成树的最大顶点度数最小；目标(3.36)、目标(3.37)使生成树的 L 个目标函数值都尽可能小，即多目标情形下的

Pareto 最优解。

多目标 MIN-MAX 度最小树问题的 Pareto 最优解定义可参见 3.2.2 节,这里不再赘述。

3.3.3 多目标 MIN-MAX 度最小树问题的优化算法

由于本节算法涉及度约束最小树的一个子算法,这里先引入相关概念与思想。

对于 n 个顶点的赋权无向连通图 G,假定所求生成树各顶点的度限制为 $b_i(i=1,2,\cdots,n)$,则当各 b_i 为 $n-1$ 时,问题就归结为无度约束情况下的一般最小树问题;当 $2 < b_i < n-1$ 时,问题为度约束最小树问题;而当各 $b_i = 2$ 时,则问题恰好为一个蕴含 Hamilton 圈的旅行商问题。

于是,可采用如下策略作为整个算法的一个子算法:若给定的网络图存在最小 Hamilton 圈,可先求出相应的最小 Hamilton 路,则对应生成树的最大顶点度恰好为 2,即转化为最大顶点度数最小的 MIN-MAX 度生成树问题。

目前,一般情况下,图的 Hamilton 性的充要条件问题尚未被学术界完全解决,理想的方法迄今仍未被找到,相关研究仍是图论中一个重要的难题[98]。比较经典的判别定理是:若图 G 中任意两个不相邻顶点 u 和 v 都有 $d(u)+d(v) \geqslant n-1$,则 G 含有一条 Hamilton 路。

由于一般情况下并不能保证给定图一定存在 Hamilton 路,本节求解多目标 MIN-MAX 度最小树问题的算法基本思路是:先采用快速启发式算法,寻找图中的最小 Hamilton 路(即最大度为 2 的生成树);若不存在 Hamilton 路,则退而求其次,设计一种基于蚁群优化思想的改进算法进行搜索,即由单个蚂蚁按转移概率逐个顶点进行搜索,在设定转移概率时考虑树的顶点度数,则并行 n 个蚂蚁后,最终输出的结果将是使顶点度较小且总权值也相对较小的解。

以下给出求解多目标 MIN-MAX 度最小树问题的算法主要步骤:

Step 1. 读入数据;随机产生 L 个权重 $\lambda_r(r=1, 2, \cdots, L)$,$\sum_{r=1}^{L}\lambda_r=1$,令 $w_{ij}=\sum_{i=1}^{L}\lambda_r w_{ij}^r(i, j=1, \cdots, n)$。

Step 2. 初始化路径数组 $cycle$ 为 0,初始点遍历;设置初始出发点 s,$nearest \leftarrow s$,$i \leftarrow 1$。

Step 3. 找寻距离 $nearest$ 最近的点,置于 $cycle[nearest]$ 中。

Step 4. $i \leftarrow i+1$,若 $i<n$,则转 Step 3。

Step 5. 若 $s<n$,则转 Step 2。

Step 6. 将 $cycle[nearest]$ 中最近距离点序列置于路径 $route$ 中,若 $route$ 中含 0,则最小 Hamilton 路搜索失败,转 Step 8;否则,转 Step 7。

Step 7. 输出最大度为 2 的生成树,并计算相应的 L 个目标值:

$$Z_r = \sum_{i,j \in E_T} x_{ij}w_{ij}^r, (r=1, 2, \cdots, L)。$$

Step 8. 设置算法预定迭代次数、轨迹强度常数 Q、轨迹强度重要性 α、能见度重要性 β,并置当前迭代次数 $count=0$,各顶点度数数组初始化 deg 为 0。

Step 9. 将各蚂蚁初始出发点置于当前解集中,对每个蚂蚁 k,使其按概率 $P_{ij}^k(t)$ 转移到顶点 j,并将顶点 j 置于当前解集;更新当前各顶点度数。

Step 10. 计算各蚂蚁的目标函数值 $Z_k(k=1, 2, \cdots, m)$,记录当前最小值 Z_{opt} 及相应最小生成树 $T=\{(i, j) \in E_T\}$。

Step 11. 对各路径计算信息素轨迹增量 $\Delta\tau_{ij}=\Delta\tau_{ij}+\sum_{k=1}^{m}\Delta\tau_{ij}^k$,并按轨迹更新方程修改信息素轨迹强度 $\tau_{ij}=\rho \cdot \tau_{ij}+\Delta\tau_{ij}$。

Step 12. 置 $\Delta\tau_{ij}=0$,$count=count+1$;若 $count<$ 预定迭代次数且无退化行为;则转 Step 9,否则,转 Step 13。

Step 13. 计算当前生成树的 L 个目标函数值并输出:$Z_r = \sum_{i,j \in E_T} x_{ij}w_{ij}^r$,$(r=1, 2, \cdots, L)$,及相应生成树 $T=\{(i, j) \in E_T\}$。

上述步骤中，Step 2 至 Step 7 嵌入了最小 Hamilton 路的求解策略，使生成树的最大顶点度最小；当 Hamilton 路不存在时，则转而进行 Step 8 至 Step 13 蚁群优化策略。此外，Step 9 在考虑使生成树中最大顶点度数最小的同时，将转移概率由基本的指数形式改进为线性形式，可大幅提高计算效率，但同时不影响多目标情形下的求解质量，具体形式可表示为：

$$P_{ij}^k = \frac{(\alpha \cdot \tau_{ij} + \beta \cdot \mu_{ij})/\deg_j}{\sum_l [\alpha \cdot \tau_{il} + \beta \cdot \mu_{il}]} \tag{3.41}$$

这里，p_{ij}^k 为蚂蚁 k 的转移概率，τ_{ij} 为弧 (i,j) 的轨迹强度，μ_{ij} 为弧 (i,j) 的能见度，l 为所有尚未被访问的顶点集。

此外，Step 11 中的信息素浓度增量 $\Delta\tau_{ij}$ 采用如下模型表示：

$$\Delta\tau_{ij}^k = \begin{cases} Q, & \text{若}(i,j)\text{在最优路径上}, \\ 0, & \text{其他}. \end{cases} \tag{3.42}$$

由算法流程可知，若给定图存在 Hamilton 路，则算法运行至 Step 7 即可结束，可省去其后若干步寻优过程，此时时间复杂度为 $O(n^2)$；否则，算法的时间复杂度由改进的蚁群算法决定，这时，整个算法的时间复杂度为 $O(count \cdot n^3)$。

相较于其他启发式算法，我们这里的算法可根据网络图的不同特征，采取相应优化策略：当给定图存在 Hamilton 路时，可大大节省运算时间；否则，将退而求其次采用改进的蚁群算法实施优化计算。

3.3.4 计算实验

上述求解多目标 MIN-MAX 度最小树问题的算法可用 Embarcadero Delphi 实现，在 Windows 7 系统下编译运行成功。为方便起见，我们对双目标 MIN-MAX 度最小树问题进行了数值实验，均能在短时间内获得理想效果。下面，给出部分实例计算结果并予以说明。

【例 3.4】 仍采用熊小华等[54]研究中的数值实例,顶点个数 $n=9$,目标个数 $L=2$,边权属性具体数值参见 3.2.4 节[例 3.1]。

在无顶点度约束的情况下,熊小华等[54]研究共求得该算例的 28 个 Pareto 解,最大顶点度数为 3 和 4,且集中于某几个关键点。

如同时考虑使生成树的最大顶点度尽可能小,则上述算法运行 10 轮后,剔除劣解,可获得的 Pareto 解集如表 3.5 所示。

表 3.5 多目标 MIN-MAX 度问题计算结果 1

顶点最大度 d_i	Pareto 解集	生成树各边
2	(98, 463)	1-7, 2-1, 3-5, 4-8, 5-9, 6-2, 7-4, 8-3
2	(99, 414)	1-2, 3-8, 4-6, 5-3, 6-2, 7-4, 8-7, 9-5
2	(135, 290)	1-8, 2-9, 4-6, 5-3, 6-2, 7-4, 8-7, 9-5
2	(139, 281)	1-8, 2-1, 4-6, 5-9, 5-3, 7-4, 8-7, 9-2
2	(166, 263)	1-8, 2-9, 4-7, 5-3, 6-4, 7-1, 8-2, 9-5
2	(243, 190)	1-7, 2-6, 4-5, 5-9, 6-3, 7-4, 8-1, 9-2
2	(366, 130)	1-8, 2-9, 3-7, 4-6, 5-4, 6-3, 7-1, 9-5

【例 3.5】 采用 Kim 等[52]研究中的数值实例,顶点个数 $n=7$,目标个数 $L=2$,网络图及其权重属性数值如图 3.6 所示。

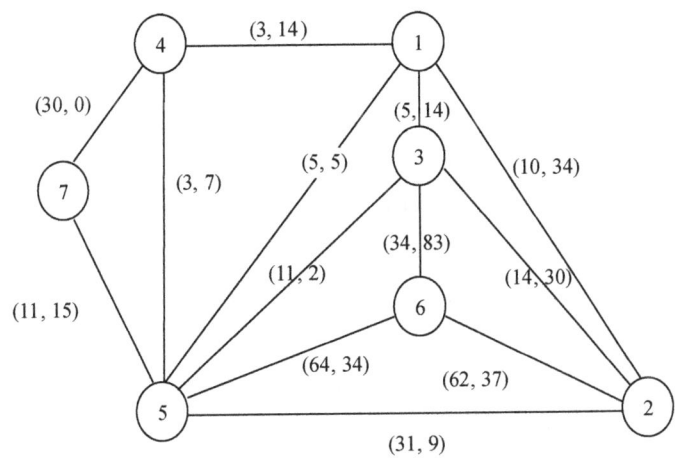

图 3.6 例 3.5 的网络图及其权重属性数值

在无顶点度约束的情况下，Kim 等[52] 共求得该算例的 21 个 Pareto 解(原文中列出了 22 个，经检验其中一个为劣解，应舍去)，其最大顶点度数分别为 3、4、5、6。生成树的最大顶点度数越高，网络越易因节点故障而呈现脆弱性，网络稳定性也越差。

因此，为使生成树的最大顶点度数尽可能小，我们运行前述算法 10 轮后，剔除劣解，可得最大顶点度仅为 2 的 Pareto 解如表 3.6 所示。

表 3.6 多目标 MIN-MAX 度问题计算结果 2

顶点最大度 d_i	Pareto 解集	生成树各边
2	(98, 117)	1-3, 1-4, 2-3, 2-6, 4-5, 5-7
2	(119, 93)	1-3, 1-5, 2-3, 2-6, 4-5, 4-7

【例 3.6】 考虑 Hamilton 路不存在的情况，顶点个数 $n=8$，目标个数 $L=2$，相关权重值为 $[1,50]$ 之间的伪随机数，不存在的边权重值定义为 0，邻接矩阵如下所示：

$$W^1 = \begin{bmatrix} \infty & 41 & 24 & 19 & 28 & 9 & 28 & 0 \\ 41 & \infty & 27 & 31 & 31 & 0 & 0 & 17 \\ 24 & 27 & \infty & 23 & 13 & 0 & 0 & 22 \\ 19 & 31 & 23 & \infty & 35 & 0 & 0 & 47 \\ 28 & 31 & 13 & 35 & \infty & 0 & 0 & 21 \\ 9 & 0 & 0 & 0 & 0 & \infty & 0 & 0 \\ 28 & 0 & 0 & 0 & 0 & 0 & \infty & 0 \\ 0 & 17 & 22 & 47 & 21 & 0 & 0 & \infty \end{bmatrix},$$

$$W^2 = \begin{bmatrix} \infty & 21 & 10 & 1 & 48 & 25 & 25 & 0 \\ 21 & \infty & 49 & 21 & 6 & 0 & 0 & 8 \\ 10 & 49 & \infty & 28 & 3 & 0 & 0 & 42 \\ 1 & 21 & 28 & \infty & 40 & 0 & 0 & 15 \\ 48 & 6 & 3 & 40 & \infty & 0 & 0 & 26 \\ 25 & 0 & 0 & 0 & 0 & \infty & 0 & 0 \\ 25 & 0 & 0 & 0 & 0 & 0 & \infty & 0 \\ 0 & 8 & 42 & 15 & 26 & 0 & 0 & \infty \end{bmatrix}$$

由于给定图的 Hamilton 路不存在,算法转而运行改进的蚁群优化策略进行求解,相关参数设定同 3.3 节:$\alpha,\beta=1,2,3,\rho=0.7$,运行 10 轮后,剔除劣解,获得 Pareto 最优解如表 3.7 所示。

表 3.7 多目标 MIN-MAX 度问题计算结果 3

顶点最大度 d_i	Pareto 解集	生成树各边
3	(98, 463)	1-7, 2-1, 3-5, 4-8, 5-9, 6-2, 7-4, 8-3
3	(99, 414)	1-2, 3-8, 4-6, 5-3, 6-2, 7-4, 8-7, 9-5
3	(135, 290)	1-8, 2-9, 4-6, 5-3, 6-2, 7-4, 8-7, 9-5
3	(139, 281)	1-8, 2-1, 4-6, 5-9, 5-3, 7-4, 8-7, 9-2
3	(366, 130)	1-8, 2-9, 3-7, 4-6, 5-4, 6-3, 7-1, 9-5

目前,关于使最大顶点度数最小的多目标 MIN-MAX 度最小树问题的优化研究较少,相应的求解算法也较为鲜见。本节针对这一问题设计的求解方法,我们反复求解,并分别与度约束最小树和多目标最小树等相关问题计算结果做比较,发现其有效避免了生成树某些顶点度数过大、过于集中而造成的网络不稳定问题,并能得到多个 Pareto 最优解,效果令人满意。尤其是当问题规模较大时,该算法仍能在短时间内给出理想的结果,在一些需要快速、实时响应的大型系统中具有明显优势。

同时考虑生成树节点度限制及需在多种性能目标之间取得均衡的多目标度最小树问题广泛存在于人类社会生产、生活之中,如通信网络优化、电力系统设计、管道排放系统规划等诸多方面,我们基于群智能优化算法之一的蚁群优化思想,为之设计了相应的求解策略,并采用 Delphi 编写代码予以实现。经大量数值实验验证,我们发现设计的算法对这两类多目标度约束问题所求之解行之有效,为诸如此类问题的优化求解提供了新的思路和途径。同时,本书针对该类多目标度生成树问题设计的算法思想,亦可用于求解其他复杂组合优化问题的子问题,为该类组合优化难题提供了新的参考和借鉴。

第4章 区域网络优化中的扩展最优树理论及其应用

我们生活在一个由各种网络构成的社会中,除了前面提到的电信通信网络、计算机信息网络、能源和物资分派网络等工程中常有的网络,还存在着运输服务网络、社交关系网络、营销分销网络、区域城市网络等。因此,从某种意义上说,我们的社会就是一个由各种结构不同、功能相异的网络所组成的巨型复杂网络系统。

就我们生活的空间而言,随着经济全球化的发展,地域之间的联系日益加强,在特定区域范围内,不同性质、类型、等级和规模的区域之间因内在联系不断加强而形成了各种大小不一的区域网络,如国家关系网、省域联系网,以及各区域城市网络等。国内知名的区域城市网络包括京津冀地区城市网络、长江三角洲都市圈网,以及环珠江城市群落等。

本章将最优树的有关理论应用于诸如此类区域网络的社会网络优化中,结合引力模型,研究如何合理规划、高效管理和控制区域网络系统,使其发挥最大的社会功能和经济效益。

4.1 引力理论

4.1.1 万有引力定律

1687年,英国物理学家牛顿在《自然哲学的数学原理》中提出了科学史上著名的引力理论。从此,人类对自然界普遍存在的力——万有引力第一次有了深刻领悟。

借助万有引力定律(Law of Universal Gravitation),人们严格地推导出行星轨道的运行参数,从而揭开了天体运行之谜,并成功预言了未知行星的存在。英国天文学家 John Couch Adams 和法国天文学家 Joseph Le Verrier 根据天王星绕日轨道的偏离,按照万有引力推算结果,分别于 1842 年及 1846 年发现了海王星;根据海王星和天王星的运行轨迹,人们通过引力计算,又预言了新的天体——冥王星。关于两大行星的预言,都经天文观测得到证实,从此,牛顿的万有引力理论得到了举世公认。此外,万有引力定律还成功解释了潮汐现象、地球形状等地球物理现象[99]。

万有引力普遍存在于任意两个有质量的物体之间,自然界中任何物体,无论其质量大小,均通过质心连线方向上的作用力相互吸引。引力大小与两物体质量乘积成正比,与物体之间距离平方成反比,而与其化学组成及介质种类无关。万有引力可表示为如下的数学模型:

$$F = G\frac{m_1 m_2}{r^2} \tag{4.1}$$

其中,F 表示两物体之间吸引力大小,G 为万有引力常数,m_1 和 m_2 分别表示两物体的质量,r 为物体之间的距离。万有引力定律的示意图如图 4.1 所示。

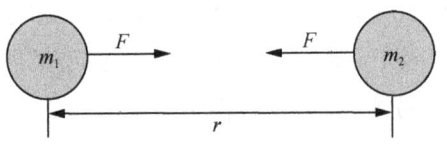

图 4.1 万有引力定律的示意图

万有引力的发现在人类认识自然的历史上具有里程碑意义,被誉为 17 世纪自然科学领域最伟大的成果之一,其将地面物体运动规律与宇宙天体运行规律有机统一起来,对天文学及物理学的发展具有深远意义。

与浩瀚宇宙中的星体一样,人们赖以生存的社会主体之间也存在着无形的引力联系,万有引力概念亦存在于人类社会生产及经济生活的方方面面。

4.1.2 引力模型拓展

人类将引力模型从自然科学领域拓展至社会科学领域的探索最早可追溯至19世纪上半叶,美国著名经济学家H. C. Carey在其著作《社会科学原理》中直接应用万有引力原理解释人类社会现象。1885年,英国人口统计学家E. G. Ravenstein发表了题为 *The Laws of Migration* 的论文,首次将万有引力理论用于人口迁移规律的分析中,从而在理论分析与经验验证方面将引力模型拓展到社会科学的研究中[100]。

自20世纪30年代以来,社会学、经济学等各学科的专家学者开始大规模在社会科学领域应用引力模型,并引入新的解释变量对引力模型的原始模型进行大量扩展和完善,产生了所谓的"社会物理学",从而使引力模型的形式渐趋成熟。1931年,美国学者W. J. Reilly经过3年的调查研究,基于对美国150个城市的零售行业分析,提炼出"零售引力定律",将引力模型推广到整个社会经济研究中。

迄今为止,学者们已将引力模型引入国际贸易、人口迁移、经济地理等领域的实证研究中,取得了一批有价值的研究成果。

Tinbergen[101]及Pyhnen[102]最早将引力模型扩展并应用于贸易投资领域。在国际贸易领域,学者们将引力模型作为工具,研究贸易参与双方的交易流量,产生了所谓的"贸易引力模型",即两国之间的贸易流量与其各自经济规模成正比,与其间的空间距离成反比[103]。Tinbergen采用GDP测量国家经济规模,并在贸易流量计量模型中,增加优惠贸易协定和国家之间的地理距离两个变量,用以模拟测度两国之间的贸易流量。Pyhnen 也采用 GDP 测量贸易能力,与 Tinbergen 不同的是,引入了 D_{ij},其代表两地间的运输成本而非物理距离,Pyhnen 还在引力模型中增加了涉及国民收入、运输成本等的弹性系数。不同学者依据不同贸易对象及贸易过程,可分别对贸易引力模型进行具体改进,以便更加精确反映各国或地区间各具特色的贸易吸引力。

1885 年,Ravenstein 将引力模型应用于人口迁移分析时指出,在短距离迁移时,英国人口倾向于迁入能吸收移民的工贸中心。在关于人口迁移的研究中,学者们最初只假定地域间人口迁移量与既有人口规模成正比,而与地域间地理距离成反比,形成了朴素的"人口迁移引力模型"。

随着研究的深入,不少学者对模型进行扩展,逐步将居民收入、受教育年限、年龄结构、政治或政策条件等因素纳入其中,增强了引力模型在"人口迁移"方面的解释能力[104-106]。例如,Wajdi 等[107]利用 2000 年、2005 年及 2010 年的印度尼西亚人口普查数据,采用扩展的引力模型,探讨了印度尼西亚不同区域间人口迁移的决定性因素。模型以人均 GDP 作为居民收入和经济发展指标,验证了区域经济发展差距是影响移民的一个重要因素;区域间距离与人口流量大小呈负相关,并且随着时间推移,它们之间的相关性减弱。此外,人口迁移研究中重要的一种类型为劳动力流动,以及携带高级专业知识的技能型人才的迁移,相关研究可参见本书后续章节。

将引力模型应用于经济地理的研究主要涉及区域经济学中区域空间的相互作用。1947 年,Stewart 根据"Potential of Population"理论,发现物理学中的万有引力理论不仅适用于人口统计学,也适用于区域经济的相关方面[108],并首次提出"区域潜力模型"——采用引力模型分别求出某区域与其他关联区域的相互作用(引力大小),经汇总分析,可得该区域对周边其他区域的综合影响力,即"潜力"。随后,美国学者 E. L. Ullman 提出了空间相互作用理论,他结合万有引力定律,详细阐述了空间相互作用的一般原理。基于这一原理，Jefferson 和 Zipf 首次将引力模型用于城市网络体系中城市间相互作用的分析，建立了城市网络空间相互作用的理论基础。其后，城市经济学者们[109-110]将引力模型用于研究城市空间相互作用，从而将引力模型拓展至城市与区域经济学中。

万有引力是一种重要力量，决定了宇宙如何形成，以及天体如何演变；而人类社会区域主体间的万有引力，则决定了区域网络世界的形成与运行，决定了区域内各主体如何组织和运转。引力模型能较为合理地解释区域间人口流动、旅游客源、贸易流转、经济投资、产业转移等方面的流量、潜力及影响因素，是研究区域网络系统的有效工具。各区域网络主体之间存在的引力，过去、现在，以及未来将一直影响着我们，并将为人类社会发展带来更多机遇与挑战。

4.2 基于最优树理论的区域城市引力网络优化

4.2.1 问题背景

区域城市网络在国家整体战略布局中具有重要作用，是国家经济发展的重要增长极，一批学者对区域城市网络进行了深入的研究。彭芳梅[111]基于粤港澳大湾区及周边多座城市建立城市群空间，考察其整体特征及空间结构。劳昕等[112]采用引力模型，结合社会网络分析方法，测算了2013年长江中游城市群网络中各城市之间的经济联系，分析不同城市在经济网络中的节点中心性等结构特征。吴志强等[113]聚焦创新城市群落，通过创新引力和外向创新联系度，探讨长三角城市的空间网络和组织特征。郝修宇等[114]以海量网民行为数据建立的百度指数分享平台，研究移动互联时代背景下城市间的网络联系。

放眼全球，自 Camagni[115]首先将对城市层级的研究上升至城市网络以来，国外众多学者对区域城市网络从不同角度进行了探讨。例如，

Garcia 和 Chavez 等[116]以知识交互为基础建立框架,从资本角度阐述了墨西哥 Monterry 区域网络的创新系统。Abelem 和 Stanton[117]结合巴西亚马孙流域主要城市网络特点,分析了在特定模式下建立设施网络的不同方案。Derudder 等[118-119]在全球背景下研究中国主要城市在世界城市网络中的连通性,并以 2010—2016 年高速增长的中国经济为背景,分析中国城市在世界城市网络中的地位变迁及其内外成因。

当前,城市网络研究已经成为城市关系研究的重要前沿内容之一。从已有研究文献来看,目前关于区域城市网络的研究偏向于定性分析,或对区域内某一中心城市与其他城市之间关系进行实证研究,或采用社会网络分析的方法提供分析与建议,或探讨城市在职能及规模等方面的变化导致的其在网络结构方面的时空演变等。本章将基于空间经济学的经济引力模型来构建区域城市网络,并采用图论中的最优树理论进行建模。就方法而言,本章将相关的网络最大树问题转换为经典最小树问题,以使模型更加符合区域内城市间因经济引力而形成的网络并进行优化求解,从而在整体层面为区域规划提供基于网络优化的决策方案。

4.2.2 基于"引力模型"的区域城市网络构建

4.2.2.1 引力模型

基于万有引力公式构造的用于衡量两地区间引力大小的模型[120-121],其基本表达式为:

$$F_{ij} = k \frac{M_i \times M_j}{R_{ij}^2} \quad (4.2)$$

其中,k 为万有引力常数,通常取 1;F_{ij} 为地区 i 与地区 j 之间的引力;M_i 与 M_j 分别表示地区 i 与地区 j 的"质量";R 表示两地之间的距离。

为使引力模型更符合城市间经济联系的实际情况,这里对基本引力模型中的质量与距离因子进行扩展与修正,采用 EM_i 和 EM_j 分别代表城市 i 与城市 j 的"经济质量",ER 代表城市间的"经济距离"。由此,可得修正后的城市间"经济引力模型"如下:

$$F_{ij}=k\frac{EM_i\times EM_j}{ER_{ij}^2} \tag{4.3}$$

其中,万有引力常数 k 仍然取 1;EM 为拟选择城市自身的一系列存量数据(以城市经济数据为主)。同时,综合考虑城市间存在的 n 种交通运输方式,结合实际,对每种交通方式分别赋予相应的权重,设城市 i 与城市 j 间第 f 种交通运输方式所占的权重为 α_{ij}^f。当城市间此种交通运输方式所花费的时间成本为 T_{ij}^f,支付的货币成本为 C_{ij}^f 时,可得到改进后的两地间经济距离 ER_{ij} 的表达式如下:

$$ER_{ij}=\left(\sum_{f=1}^n \alpha_{ij}^f T_{ij}^f C_{ij}^f\right)^{\frac{1}{2}} \tag{4.4}$$

4.2.2.2 区域城市网络构建

如前所述,引力模型常被用于分析两个城市之间的空间联系。本节基于城市间"经济引力模型",引入图论思想,构建区域城市网络体系。

设 $G=(V,E,W)$ 为赋权网络图,$V=\{1,2,\cdots,n\}$ 为顶点集,表示区域内城市集合,n 为城市个数。$E=\{e_1,e_2,\cdots,e_m\}$ 为边集,若边 e_k 的顶点为 i 和 j,则记 $e_k=(i,j)$,表示城市 i 和 j 之间存在的联系。如不考虑边的方向,则对于无向完全图而言,可知 $m=n(n-1)/2$,即区域内城市间联系的个数。

顶点间的权矩阵为 $W=(w_{ij})_{n\times n}$,其中,$w_{ij}>0,w_{ii}=+\infty,i\in V,j\in V$,在区域城市网络中,两城市间的经济引力 F_{ij} 表示城市间因物流、人流、资金流、技术流等形成的经济引力。就区域层面而言,城市网络的各资源要素在整个区域内跨城市自由流通,从而形成区域城市网络系统。

4.2.3　网络最优树规划模型与区域城市引力网络优化方案

4.2.3.1　网络最优树规划模型

如本书第 2 章所述,有关最优树理论的研究起源于电力线网的最优经济布局,并成功应用于一系列网络优化问题[122-125]。如何针对给定的网络赋权图,找出一个具有最小总代价的生成树的问题,即最小生成树问题(MST)[126-127];而使生成树的总代价最大,以实现网络效益、影响等最大化的目标的问题,则为最大生成树问题[128-129]。

基于经济引力模型构建的区域城市网络体系,各资源要素在经济引力 F_{ij} 作用下,于整个区域内自由流通,从而达到全区域资源的优化配置,从流通的角度实现网络总体效应最大化。因此,我们可借助网络最大生成树的求解方法对经济引力网络进行优化,其相应规划模型可表示为:

$$\max Z(x) = \sum_{i=1}^{n} \sum_{j=1}^{n} f_{ij} x_{ij}, \tag{4.5}$$

$$\text{s.t.} \begin{cases} \sum_{i=1}^{n} \sum_{j=1}^{n} x_{ij} = n-1 & (4.6) \\ \sum_{i \in S} \sum_{j \in S} x_{ij} \leqslant |S|-1, \forall S \subset V, S \neq \varnothing & (4.7) \\ x_{ij} \in \{0,1\} & (4.8) \end{cases}$$

其中,

$$x_{ij} = \begin{cases} 1, & \text{边}(i,j) \text{在优化网络中} \\ 0, & \text{其他} \end{cases} \tag{4.9}$$

约束(4.6)及(4.7)含义如前所述,目标函数(4.5)保证得到具有最大经济引力值的生成树,从流通的角度实现网络总体效应最大化,达到网络优化的目标。

4.2.3.2 区域城市引力网络优化方案

目前,对于 MST 问题,已有一系列成熟高效的算法可在多项式时间内进行有效求解,如经典方法中的 Prim 算法、Kruskal 算法等[130-131]。而对于网络最大生成树问题,我们可通过构建原始网络 $G = (V, E, F)$ 的等价网络 $G' = (V, E, F_{ij}')$,将其转化为 MST 问题进而求解。

基于 Prim 算法,我们设计了以下算法对区域城市引力网络的最大生成树问题进行求解,寻找资源最大化长效流通的最佳路径。算法核心步骤叙述如下:

Step 1. 读入区域城市引力网络图 G',改进后的经济引力矩阵 $F'[i, j]$。

Step 2. 初始化,输出最优树总权值 $tweight \leftarrow 0$,相应生成树端点数组 $tedge1$,$tedge2$ 均为 0,边数 $tcount \leftarrow 0$,最近邻数组 $nearest \leftarrow 0$,引力数组 $dist \leftarrow 0$。

Step 3. $for\ i \leftarrow 2\ to\ n$,设置 $nearest[i] \leftarrow 1$,$dist[i] \leftarrow F'[1, j]$。

Step 4. $min \leftarrow dist$ 中最小值,$u \leftarrow$ 所选取的最小引力点。

Step 5. $tcount \leftarrow tcount + 1$,$tweight \leftarrow tweight + dist[u]$,更新生成树端点数组 $tedge1[tcount] \leftarrow nearest[u]$,$tedge2[tcount] \leftarrow u$,随后,置 $nearest[u] \leftarrow 0$。

Step 6. $for\ k \leftarrow 2\ to\ n$,更新最近邻数组 $nearest$ 及引力数组 $dist$。

若 $F'[k, nearest[k]] > F'[k, u]$,则 $dist[k] \leftarrow F'[k, u]$,$nearest[k] \leftarrow u$。

Step 7. 若 $tcount < n - 1$,则转 Step 4,否则转 Step 8。

Step 8. 输出最优树总权值 $tweight$,及相应边的端点数组 $tedge1$,$tedge2$。

不难得到,以上算法步骤的计算复杂性为 $O(n^2)$。该算法采用 Embarcadero Delphi 编程实现,在 Windows 10 系统下编译运行成功。

4.2.4 长三角区域城市引力网络优化实例分析

4.2.4.1 长三角区域城市引力网络及优化方案

本节以长三角区域部分典型城市为研究对象,抽取各城市2018年人口、就业、经济等数据指标进行分析。在借鉴已有文献测度经济质量的相关方法的基础上,本着可比性、代表性、连续性及易得性四个原则,本节选取各产业就业人数、生产总值、财政收入、进出口等16项指标。数据分别来源于各城市统计年鉴。

我们利用SPSS统计分析软件,提取特征值大于1的主因子FAC1及FAC2,以方差贡献率为权重,综合评定得到长三角区域城市的经济质量,并通过平移放大将数据调整为正值(调整后的经济质量)以方便后续计算,详见表4.1。

表4.1 城市经济质量测度结果

城市	FAC1	FAC2	经济质量 EM	调整后的经济质量 EM
上海	1.860	1.903	1.759	23.594
南京	−1.147	1.894	0.054	6.540
无锡	0.241	−0.473	−0.039	5.608
常州	−0.274	−0.420	−0.311	2.892
苏州	2.219	−1.049	0.867	14.668
南通	−0.124	−0.366	−0.206	3.941
扬州	−0.451	−0.458	−0.425	1.745
镇江	−0.670	−0.360	−0.513	0.873
泰州	−0.437	−0.506	−0.435	1.646
杭州	−0.299	0.962	0.188	7.876
嘉兴	−0.191	−0.590	−0.327	2.726

在对经济距离进行测度时,为更贴近现实,我们综合考量了长三角地区各城市间现有的多种交通运输方式,采用各种运输方式下城际

往来时间模拟 T_{ij}^f，各种运输方式支出费用模拟 C_{ij}^f。数据来源于交通运输部官网，其中，各种运输方式的权重 α_{ij}^f 是我们根据长三角地区交通运输现状设定的，按两地间经济距离公式测度得到的长三角区域各城市间经济距离矩阵，如表 4.2 所示。

表 4.2 长三角区域各城市间经济距离矩阵

城市	上海	南京	无锡	常州	苏州	南通
上海	0	29.214	13.947	17.598	10.95	15.849
南京	29.214	0	18.848	12.759	21.058	25.323
无锡	13.947	18.848	0	6.594	4.253	15.089
常州	17.598	12.759	6.594	0	9.312	18.547
苏州	10.95	21.058	4.253	9.312	0	13.122
南通	15.849	25.323	15.089	18.547	13.122	0
扬州	34.062	10.279	20.317	14.074	23.321	16.165
镇江	24.2	7.521	32.301	7.352	15.179	19.478
泰州	27.812	15.442	17.527	11.011	18.983	11.702
杭州	16.966	27.71	20.371	22.092	16.904	28.237
嘉兴	10.667	29.775	13.753	17.802	10.041	20.471
湖州	17.015	20.499	17.019	16.24	10.557	22.336
城市	扬州	镇江	泰州	杭州	嘉兴	湖州
上海	34.062	24.2	27.812	16.966	10.667	17.015
南京	10.279	7.521	15.442	27.71	29.775	20.499
无锡	20.317	32.301	17.527	20.371	13.753	17.019
常州	14.074	7.352	11.011	22.092	17.802	16.24
苏州	23.321	15.179	18.983	16.904	10.041	10.557
南通	16.165	19.478	11.702	28.237	20.471	22.336
扬州	0	6.358	6.967	35.798	32.806	27.3
镇江	6.358	0	9.096	27.839	23.538	22.65
泰州	6.967	9.096	0	35.6	27.62	26.879

第4章 区域网络优化中的扩展最优树理论及其应用

（续表）

城市	扬州	镇江	泰州	杭州	嘉兴	湖州
杭州	35.798	27.839	35.6	0	8.762	8.523
嘉兴	32.806	23.538	27.62	8.762	0	10.076
湖州	27.3	22.65	26.879	8.523	10.076	0

通过各城市的经济质量及它们之间的经济距离，可得各城市间经济引力 F_{ij}，并以此构建长三角区域城市经济引力网络矩阵，如表4.3所示。按前述算法流程，进行优化求解，可得网络的最大生成树 T_{max}，此时连通网络的总"经济引力"值最大，如图4.2所示。T_{max} 为长三角区域城市经济引力总和最大的优化方案，对应区域内城市间人、财、物、信息等要素资源最大化长效流通的关键引力路径。

表4.3 长三角区域城市经济引力网络矩阵

城市	上海	南京	无锡	常州	苏州	南通
上海	0	5.282	9.486	3.878	31.605	5.866
南京	5.282	0	1.946	1.483	4.556	1.018
无锡	9.486	1.946	0	2.460	19.337	1.464
常州	3.878	1.483	2.460	0	4.556	0.615
苏州	31.605	4.556	19.337	4.556	0	4.405
南通	5.866	1.018	1.464	0.615	4.405	0
扬州	1.209	1.110	0.482	0.359	1.098	0.425
镇江	0.851	0.759	0.152	0.344	0.844	0.177
泰州	1.396	0.697	0.527	0.432	1.272	0.554
杭州	10.953	1.859	2.168	1.031	6.834	1.099
嘉兴	6.029	0.599	1.111	0.443	3.982	0.525
湖州	0.321	0.074	0.076	0.041	0.322	0.041
城市	扬州	镇江	泰州	杭州	嘉兴	湖州
上海	1.209	0.851	1.396	10.953	6.029	0.321

(续表)

城市	扬州	镇江	泰州	杭州	嘉兴	湖州
南京	1.110	0.759	0.697	1.859	0.599	0.074
无锡	0.482	0.152	0.527	2.168	1.111	0.076
常州	0.359	0.344	0.432	1.031	0.443	0.041
苏州	1.098	0.844	1.272	6.834	3.982	0.322
南通	0.425	0.177	0.554	1.099	0.525	0.041
扬州	0	0.240	0.412	0.384	0.145	0.015
镇江	0.240	0	0.158	0.247	0.101	0.009
泰州	0.412	0.158	0	0.364	0.162	0.014
杭州	0.384	0.247	0.364	0	2.450	0.214
嘉兴	0.145	0.101	0.162	2.450	0	0.063
湖州	0.015	0.009	0.014	0.214	0.063	0

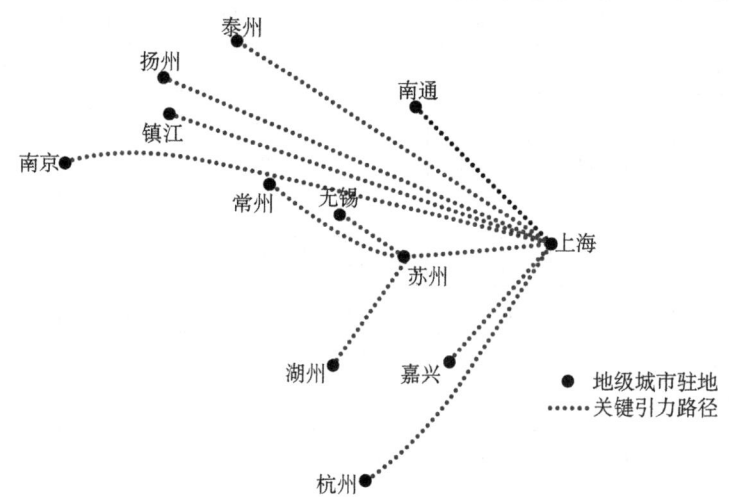

图 4.2 长三角区域城市经济引力最大化的关键引力路径

4.2.4.2 结果分析

基于经济引力的数据测度，以及区域城市引力网络优化方案的分析，本节得出以下有益结论：

(1) 从城市经济质量测度结果来看,上海的总体经济实力远大于区域内其他城市,具有绝对优势;网络优化方案也印证了这一优势——在所求得的最大生成树 T_{max} 中,上海对区域内 8 个城市具有直接连通的辐射效应,占比达 67%。

(2) 苏州经济质量仅次于上海,位居第二,甚至超过省会城市南京及杭州;因此,在区域网络优化方案所得最大生成树 T_{max} 中,苏州成为小范围内的经济分中心,对无锡、常州及湖州具有直接连通的辐射效应。

(3) 从网络优化方案 T_{max} 来看,南京和杭州优势不再,这说明基于本章研究指标所构建的"经济引力"网络优化方案,不同于长三角区域延续多年的"一体两翼"传统格局。本章的网络优化方案 T_{max},从另一个角度诠释了该地区城市间因经济引力而显现的另一种格局。作为后起之秀的苏州,不仅经济总量赶超南京和杭州,且借助与上海之间的经济距离这一天然优势,大力发展园区经济,工业制造业企业众多。此外,苏州下辖的昆山、常熟、张家港、太仓等县级市位居全国百强县前十,这也给苏州经济发展增添了更多活力。

4.2.5 政策建议

当前,对城市网络的研究已经成为分析城市间相互作用及资源流通的重要方式。本节借助空间经济学中的引力模型构建网络,应用最优树相关理论,在建模、求解和综合分析的基础上,总结出如下政策建议:

第一,从资源利用角度,决策者可以优先考虑网络最优树上的关键引力路径。由于区域内人、财、物等要素资源的稀缺性,决策者在制定某一区域总体流通规划时,研究有限资源在区域内的高效流通路径就显得尤为重要。以长三角地区为例,如果按优化结果 T_{max} 制定流通方案,区域连通的总"经济引力"可达最大值,此时能最大限度地利用引力效应,从而在区域层面,实现资源的合理流通及高效配置,达到区域资源利用的最佳状态。

第二,从可持续设计角度,决策者可以充分发挥网络最优树的集散效应。当前,低碳环保成为时代发展主题,区域城市经济的快速增长不应以环境恶化为代价,因此,在对区域资源进行规划利用的同时,还应均衡考虑生态环境的可持续性。经济规模与资源消耗基本呈正向相关性,上海经济质量在长三角区域占据绝对优势,但也存在土地稀缺、房价过高、教育医疗资源紧张等一系列公共资源压力问题。在区域规划中,可沿 T_{max} 关键路径,将资源消耗型因素渐次分散,或沿 T_{max} 规划转移,使区域实现由资源消耗型向环境友好型的转变。

第三,从产业布局角度,决策部门可以优化升级网络最优树上的产业结构。由于区位差异、人文历史等因素,各城市发展呈现出不同性质、类型、等级和规模,产业结构也存在着差异。政府需从各城市不同职能、分工出发,结合自身定位,从全局视角统筹规划产业布局。在网络中处于核心地位的城市,可沿 T_{max} 关键路径延伸产业链,为产业优化转移制定长期发展规划;而处于关键路径上的其他城市,则可通过政府优惠政策、财政补贴等手段,吸引路径上与之关联的产业,使区域内城市间产业布局更加趋于合理,提升城市的产业竞争力,从而提升整个区域的经济发展水平。

需要说明的是,本节的研究结论与长三角区域"一体两翼"的传统认识和意愿有所不同,传统认知主要考虑到两翼(南京、杭州)作为省会城市与其他地级城市在政治影响、人口规模等因素上差异,更多着眼于行政区划因素所形成的格局。而基于经济引力的研究表明,长三角区域现阶段还存在以苏州为中心的次级结构——从最优树的关键引力路径可以看出,苏州对常州、无锡、湖州的经济引力更具优势。这一结论也反映了当前长三角区域经济发展格局的现状,除上海以外,苏州在区域经济联通以及长三角区域一体化进程中的节点作用和潜力不容小觑,其在长三角经济格局中未来的区位价值还将进一步呈现,本节的研究结论可以为之提供相应的佐证。

以上研究结果为决策者在城市间构建最大连通网络奠定了基础,当人们需要从流通的角度考虑资源合理流动时,即可应用最优树理论寻求优化方案,从而实现网络总体效应最大化。尤其在区域内城市间人力、物资、资本,以及信息等要素有限或稀缺的情况下,构建资源最大化长效流通机制就更具有现实意义。

4.3 基于最优 K‑生成树理论的创新区域择优机制研究

4.3.1 问题背景

上节的研究结论为不同城市构建连通网络奠定了基础,本节将聚焦在资源有限或稀缺的情形下(以创新资源要素为例),如何应用最优树相关理论实现区域网络总体效应的最大化。

随着经济全球化的发展,科学技术变革日新月异,创新日益成为推动各国经济持续增长的原动力。世界各国高度重视创新驱动发展战略,努力推进创新型国家建设,不断加大创新要素的投入,创新资源在各区域的配置与利用效率成为一个值得关注的问题。

国内外相关研究分别就创新要素流动及投入对创新活动的影响及创新绩效的产出进行了实证检验与分析。白俊红等[132]通过构建关于国家创新系统的理论框架,系统考察了作为其子系统的区域创新系统内部各主体之间的协同创新,以及各区域创新系统之间的空间关联对区域创新绩效的影响机理,并从创新要素区际流动这一动态化空间关联视角,探索其对区域创新绩效的影响效应。李婧和产海兰[121],王钺等[133]聚焦创新要素之一的 R&D 人员,探究 R&D 人员自由流动对某些区域创新绩效的影响。国外学者如 Kaiser 等[134]的研究证实 R&D 人员流动促进了专业知识技术的转移,从而提升了国家整体创新水平。Jaan 等[135]则从企业层面考察了技术创新与员工跳槽之间的关系，研究结果表明具有创新精神的高级员工，尤其是专业人员及技术人员的跳槽，将会影响企业的产品创新及全要素生产率。以上研究均着眼于R&D人员，而对R&D资本这一创新要素，李平等[136]从其投入产出角度，分析了不同研发资本投入，对自主创新能力提升的影响。鞠晓生等[137]分析了企业研发资本与企业创新活动之间的关系。Trajtenberg[138]的研究也发现，研发投资越多，技术提升潜在能力越大，能产生的创新成果越多。James等[139]通过研究20世纪90年代美国国内出现的创新高潮，发现发达的股票市场为中小企业研发资本提供了良好的融资渠道，从而推动了创新成果的涌现。

就研究方法而言，已有研究大都采用空间计量及统计回归的方法，考察区际要素流动(R&D人员和R&D资本等)对区域创新绩效的影响，但却未重视创新要素供给的稀缺性。在现实的生产与生活中，创新要素并非取之不尽用之不竭的资源，而是存在必然的稀缺。区域发展所需的创新要素有时并不能按需和及时投入区域创新活动中，长此以往，便存在着较高的创新机会损失。再者，如果创新要素被配置到无法产生有效创新效益的区域，还将造成创新要素的"虚耗"成本，加剧创新要素稀缺的严峻形势。因而研究如何将稀缺的创新要素资源在各区域创新系统间合理配置，在发挥创新要素最大化效用的同时，提升区域创新绩效，具有重要的理论价值与现实意义。

4.3.2 基于创新要素流动的区域创新网络构建

4.3.2.1 区域创新要素流动

创新要素是区域创新系统发挥功能的基础。与传统经济要素类似，一方面，稀缺的创新要素亦具有追逐自身价值最大化的特征，趋向于从边际收益率低的区域流向边际收益率高的区域[140]；另一方面，从创新要素拥有者的角度来看，由于要素拥有者追求效用最大化，他们总是希望把有限的资源用于最重要和能够发挥其最大效能的地方，从而获得较高收益。对于不同的区域创新系统,这种主观(要素拥有者)与客观(要素自身)的趋利流动机制,能够促使有限的创新要素在市场的调节下于各区域创新系统间自由流动,实现优化配置,从而满足不同区域创新体系的要求。

创新要素的区际流动将对区域创新带来一系列正面积极的效应。第一,创新要素的区际流动,能够避免有限的资源被禁锢于某一固定的创新体系内,使各种放错位置的资源可自由流通至适用之外,最大限度发挥稀缺要素作用。第二,创新要素本身蕴含着大量的知识和信息。当创新要素在区际自由流动,来自不同区域的知识和技术交织融合,引致知识溢出与技术扩散,这一溢出和扩散效应能为区域创新系统提供源源不断更新的智力资源,使有限的创新要素产生"1+1>2"的效果。第三,创新要素的趋利流动,使创新能力强、资源利用率高的区域能优先吸引更多的优质要素动态聚集,从而引发经济学理论中的规模经济效应,有助于降低区域的创新成本,进而提高区域创新的收益水平。

创新要素的区际流动,对于流入地的作用显而易见。对流出地区域创新系统而言,虽其在短期处于不利局面,但长期来看,要素的流出可迫使创新要素吸引力低的区域根据自身情况对相关领域进行改善和提高。因此,就社会整体效益来看,创新要素的区际流动,既实现了稀缺要素在资源配置上的最大效益,又实现了流入地、流出地及创新要素自身的多方共赢。

由于在所有创新要素中,R&D人员及R&D资本对创新成果及创新绩效的影响最为显著,多名学者亦作了分析和检验[141-142]。本节主要从这两个角度出发,对区域间创新要素的流动,展开具体分析。

1. R&D人员流动

R&D人员通常接受过良好教育,具有较高的文化素养,也历经专业培训,掌握了更高的知识技能,其需求层次大都已达到马斯洛需求层次理论的中上层阶段。因此,不同于一般的劳动力流动,R&D人员的流动是一个更加复杂的过程。已有研究表明,具备高级专业技能的R&D人员在流动过程中,不仅追求卓越的物质基础,以满足自身对经济的诉求,而且会考虑自然环境的舒适度、人文环境的满足感,以及区域社会公共服务的供给能力[143]。相较于物质基础的硬性环境而言,柔性的多元因素更会左右他们对流入地的选择,成为影响其"用脚投票"的重要指标。彭中文[144]、王恬[145]的研究表明,具有专业知识和高技能的人才流动,能够产生知识和技术的溢出,提升区域创新绩效;Kaiser等[134]、钱晓烨等[146]也已在相关研究中证明了携带着高级先进技术的R&D人员在区域间自由流动,促进了知识的转移,能够提升国家或地区的整体创新水平。因此,R&D人员在更广泛区域内的自由流通,促进了区域间创新知识的互动和交流,也加速了区域创新合作网络的形成。

2. R&D资本流动

相较于R&D人员,R&D资本是科技创新的基础,充裕的R&D资本能为R&D人员的创新思想提供优质的孵化环境——为创新生产实践活动提供先进的基础设备、实验条件、设施,从而提高创新的效率,并可引致更多的发明创造。许多地区的创新活动,正是由于缺乏资金支持,才中途搁浅或无法开展更深层次的研究。良好的金融环境,可以为诸多优质的创新项目提供充裕的资金支持,以避免资金不足导致的项目烂尾或项目的不可持续性。一般来说,投入的研发资本越多,技术的水平便越高,会产生更多的创新;且研发开支越大,技术创新的速度也越快[139,147]。R&D资本在市场信号的指引下,追逐投入产出效益最大化——资本的逐利性,有限的R&D资本将优先流向那些创新收益率更高、投资风险更低的区域。而互联网金融技术的迅猛发展,以及移动支付的普及,为R&D资本的区际流动提供了越发便捷的手段和途径,使资本区际流动频率更快、效率更高、规模更大,从而在资本层面加速了区域创新合作网络的形成。

4.3.2.2 区域创新引力网络构建

各区域创新系统之间基于创新要素的区际流动产生了地理空间上的关联效应,对于这种动态流动形成的空间关联而言,仍有以下问题需要进一步探究:区际空间关联如何度量?在空间关联的度量中如何体现创新要素的内涵?

受有关研究用引力模型测算研发要素区际流动量的启发[148-149],本节采用引力模型测度区际创新要素的流量。我们为体现由于创新要素流动而产生的区际空间关联,扩展了基本的引力模型,选取反映创新要素区际流动规律的指标体系;通过构建各区域创新系统空间关联的引力矩阵,模拟区域创新引力网络,度量区域创新系统之间由R&D人员及R&D资本动态流动而产生的空间关联效应。在前述研究的基础上,对创新要素流动的影响因素进行分析,分别基于R&D人员及R&D资本的视角,设计影响创新要素区际流动的指标体系框架,将反映创新要素区际流动规律的因素分为三级,如表4.4所示。

表4.4 反映创新要素区际流动规律指标体系

一级指标	二级指标	三级指标	单位
创新要素	衡量指标	指标取值	
R&D人员	人力资源(A1)	科技活动人员数(A11)	人
		R&D人员全时当量(A12)	人·年
	文教资源(A2)	高等教育每十万人口在校学生人数(A21)	人
		人均拥有公共图书馆藏量(A22)	册
	卫生环保(A3)	每千人口卫生技术人员(A31)	人
		工业污染治理完成投资(A32)	万元
	基础设施水平(A4)	每万人拥有公共交通车辆(A41)	标台
		人均城市道路面积(A42)	平方米
		人均公园绿地面积(A43)	平方米

(续表)

一级指标 创新要素	二级指标 衡量指标	三级指标 指标取值	单位
R&D资本	经济环境(B1)	地区生产总值(B11)	亿元
		地区规模以上企业利润总额(B12)	人·万元
	资本存量(B2)	新产品开发经费支出(B21)	万元
		R&D经费内部支出(B22)	万元
		R&D经费外部支出(B23)	万元
	科技成果(B3)	发明专利授权数(B31)	件
		专利转化新产品销售收入(B32)	万元
	高技术区域竞争力(B4)	高技术产品出口贸易总额(B41)	百万美元
		高技术产业利润(B42)	亿元

1. R&D人员

除了选取区域科技活动人员参与数,为更精确地反映参与R&D人员规模的信息,我们还选取了R&D人员全时当量,以便综合反映区域创新的人力资本投入。不同于一般的劳动力迁移,这里特别将影响R&D人员流动的文化教育、卫生环保以及城市公共基础设施等多元因素考虑在内,以全面反映区域柔性多元环境对R&D人员的吸引力。例如,用对居民身心愉悦产生影响的绿化水平(人均公园绿地面积)等指标来反映区域公共自然环境——优越舒适的自然环境,能够提高R&D人员生活和工作的舒适感,激发其更多创新的灵感,激励其创造积极性,进而生产出更多的创新成果,因此也会增加区域对R&D人员的吸引力。

2. R&D资本

由于资本的逐利性,那些经济实力雄厚、创新基础能力强的区域对R&D资本更具吸引力,我们选取经济环境、资本存量以衡量区域的经济实力,选取科技成果、高技术区域竞争力来衡量区域的创新能力。由于发明专利能客观反映区域原始创新能力与科技综合实力[150],我们选取发明专利授权数作为衡量区域创新成果的指标;同时,针对专利在反映创新成果质量及市场转化程度和商业收益方面存在的不足,我们增加"专利转化新产品销售收入"作为补充衡量区域创新成果的指标[151-152]——专利代表创新的知识产出能力,新产品销售收入代表创新产生的经济效益能力。其他衡量指标取值可参见表4.4。

此外,近年来综合发展的现代化交通运输体系和不断更新迭代的智能通信技术,创新要素的区际流动愈发便捷,区际物理距离对创新要素流动的影响正逐步弱化。因此,基于以上选取的反映创新要素区际流动规律的指标体系及区际距离因素,我们对基本引力模型进行扩展与修正,得到如下的区域创新引力模型:

$$F_{ij}^{RD} = k \frac{PC_i^{RD} \times PC_j^{RD}}{R_{ij}} \qquad (4.10)$$

其中,F_{ij}^{RD}为i、j两区域间创新引力;PC_i^{RD}与PC_j^{RD}分别为两区域的创新要素吸引力规模,通过多维度评价体系构建综合指标来度量;R_{ij}为两区域间距离。

通过扩展后的创新引力模型可测得任意两区域间的创新引力联系,本节按4.2节策略构建区域创新网络。设$G=(V,E,W)$为赋权网络图,$V=\{1,2,\cdots,n\}$为顶点集,即创新区域集合,n为区域个数。$E=\{e_1,e_2,\cdots,e_m\}$为边集,$e_k=(i,j)$,表示区域i和区域j之间存在的创新引力联系。对于无向完全图而言,区域间创新引力联系的个数为$m=n(n-1)/2$。顶点间的权矩阵$W=(w_{ij})_{n\times n}$,$w_{ij}>0$,$w_{ii}=+\infty$,$i,j\in V$,即创新引力联系F_{ij}^{RD}。由此,我们可构建区域创新引力网络$G=(V,E,F^{RD})$,为后续进行创新区域择优奠定了模型基础。

4.3.3 最优 K -生成树理论的创新区域择优模型及算法

4.3.3.1 最优 K -生成树理论的创新区域择优模型

最小 K -生成树问题由基本的最小生成树问题在实际应用中发展延伸而来,其含义为:在无向连通图 G 中,求出恰好含 K 个点的生成子树,使生成子树的边权值总和最小。

KMSTP 问题最先由 Hamacher 提出,并被广泛应用于社会生产及经济生活的决策问题中。例如,人们在设计通信网络时研究如何选择总代价最小的 K 个活跃节点,并保持节点之间的连通性,达到生成子网能以最小成本有针对性地提供更高质量的服务,避免不必要的资源浪费。此外,诸如海上油田租赁[153]、图像处理[154]等诸多问题均可抽象为 KMSTP 问题进行求解。

在基于创新引力构建的网络中,R&D 人员及 R&D 资本等创新要素在引力 F^{RD} 作用下产生区际自由流通,创新引力 F^{RD} 越大,区际关联程度越高。因此,我们需从创新引力网络 $G=(V, E, F^{RD})$ 择优选出 K 个创新区域,其中 $2 \leqslant K \leqslant |V|-1$,使这 K 个区域生成子树 T_K 的边权值总和 $f(T_K)$ 最大,是为最大 K -生成树问题,其相应规划模型为:

$$\max Z(x) = \sum_{i=1}^{n} \sum_{j=1}^{n} F^{RD}_{ij} x_{ij} \quad (4.11)$$

$$\text{s. t.} \begin{cases} \sum_{i \in T_K} x_i = K, \ i \in T_K \subset V & (4.12) \\ \sum_{i=1}^{K} \sum_{j=1}^{K} x_{ij} = K-1 & (4.13) \\ \sum_{i \in S} \sum_{j \in S} x_{ij} \leqslant |S|-1, \ \forall S \subset T_k, S \neq \varnothing & (4.14) \\ x_{ij} \in \{0, 1\} & (4.15) \\ x_i \in \{0, 1\} & (4.16) \end{cases}$$

其中，

$$x_{ij} = \begin{cases} 1, & (i,j) \in T_k \\ 0, & 其他 \end{cases} \quad (4.17)$$

$$x_i = \begin{cases} 1, & i \in T_K \\ 0, & 其他 \end{cases} \quad (4.18)$$

当 $K=|V|$ 时，该问题即为传统意义上的最小生成树问题。约束 (4.12) 保证最终所得生成树中只含 K 个节点，T_K 为图 G 中含 K 个点的所有可能的集合；约束 (4.13)、约束 (4.14) 满足树的特征，即生成的最小 K-树中不含圈；约束 (4.14) 保证最终得到的最小 K-生成树中不含任何子回路。

4.3.3.2 创新区域择优算法流程

在 KMSTP 问题中，当 $K=n$ 时，该问题即为最小生成树问题，目前已有有效的经典求解方法。而一般意义下的 KMSTP 问题作为组合优化 NP 难题之一[155-156]，其组合含义为：从所有可能的生成子树中，找出顶点个数为 K 且总权重最小的生成子树。虽然可用枚举法一一比较，但当顶点个数增多，生成子树数目可达 $C_n^K \cdot K^{K-2}$。例如，对于含 20 个的顶点的择优问题，当 $k=5$ 时，备选方案达 2×10^6 个，枚举法将令人望而却步。问题规模的增长导致备选方案数量呈指数级增加，因此，研究高效的择优方法可为该问题提供科学的决策支持。

这里，基于改进的 PRIM 算法，对最大 K-生成树问题设计了一种可用于创新区域择优的快速算法，其核心步骤可叙述如下：

Step 1. 初始化，总权值 $OptWeight \leftarrow \inf$，相应生成树端点数组 $e1, e2$ 初始为 0。

Step 2. 读入数据，创新引力网络 G，引力矩阵 F^{RD}，所需择优的区域个数 K，迭代次数 maxcount，令 $F_{ij}^{RD\prime} = \sum_{i,j \in V} F_{ij}^{RD} - F_{ij}^{RD}$。

Step 3. 将 n 个备择区域依次置入数组 X 并随机重新排列，结果

置于数组 seq 中。

Step 4. 选取新序列 seq 中前 k 个元素，$for\ i \leftarrow 2\ to\ K$，初始化最近邻数组 $nearest$，同时初始化相应引力数组 $dist$：$nearest[seq[i]] \leftarrow seq[1]$，$dist[seq[i]] \leftarrow F^{RD'}[seq[1],seq[i]]$，$tcount \leftarrow 0$，$tweight \leftarrow 0$。

Step 5. $min \leftarrow dist$ 中最小值，$u \leftarrow$ 所选取的最小引力点；$tcount \leftarrow tcount + 1$；$tweight \leftarrow tweight + dist[u]$，$nearest[u] \leftarrow 0$。

Step 6. $for\ s \leftarrow 2\ to\ K$ 更新 $nearest$ 及 $dist$：若 $F^{RD'}[seq[s], nearest[seq[s]]] > F^{RD'}[seq[s], u]$，则 $dist[seq[s]] \leftarrow F^{RD'}[seq[s], u]$，$nearest[seq[s]] \leftarrow u$。

Step 7. 若 $tcount < k - 1$，则转到 Step 5，否则转 Step 8。

Step 8. 若 $tweight < OptWeight$，则更新总权值 $OptWeight \leftarrow tweight$；相应生成树端点数组分别置于 $e1$，$e2$，并计算相应最大 K-生成树总权值。

Step 9. 如未达最大迭代次数，则转 Step 3，否则输出创新区域择优结果。

上述步骤中，Step 4 至 Step 8 旨在对随机重排后的前 K 个创新区域基于改进的 PRIM 算法来求取最大 K-生成树及其总引力值。相对于其他算法来说，其最大优势在于：当所需择优区域的个数 K 给定后，算法只依赖于一个参数 $maxcount$；算法复杂性主要取决于 $maxcount$ 的最外层循环，及改进 PRIM 算法的最大 K-生成树部分。因此，不难得到，整个算法的计算复杂性为 $O(maxcount \cdot K^2)$。

由于运算速率只与迭代次数 $maxcount$ 及所需择优个数 K 有关，而与区域个数 n 并没有直接关系，换言之，即便问题规模 n 很大，只要确定择优个数 K，通过增加迭代次数 $maxcount$，应用以上启发式算法即可快速找到问题的满意解。

基于以上算法步骤，我们采用 Embarcadero Delphi 编程开发了创新区域择优应用程序，并在 Windows 10 系统下编译运行成功。

4.3.4 我国创新区域择优与分析

4.3.4.1 数据来源及分析处理

本节以中国内地 31 个省级行政区域为研究对象,应用最优 K-生成树方法进行择优,按区域间创新要素动态流动规律设计的指标体系框架选取数据。考虑数据的时效性及可得性,选取 2010—2018 年统计数据,原始数据来源于各期《中国统计年鉴》《中国科技统计年鉴》,以及各省、自治区及直辖市的《统计年鉴》。我们采用 SPSS 及 Geoda095i 数据处理软件,对空间距离及指标数据进行分析和处理[157],代入公式(4.10)计算可得引力联系,从而构建了区域创新引力网络。

4.3.4.2 创新区域择优结果及分析

1. 全国范围创新区域择优

基于中国内地 31 个省域构建创新引力网络,采用上述算法进行区域择优;各年度分别选取 3～7 个创新区域,如表 4.5 所示。以各省会城市驻地为网络节点,根据最优 K-生成树理论,选取总"创新引力"值最大的区域,其中 2018 年的 7 个区域的关键引力路径如图 4.3 所示。限于篇幅,其他年度关键引力路径见附录 3。

表 4.5 全国范围创新区域择优方案

年份	创新区域				
	3 个	4 个	5 个	6 个	7 个
2018 年	江苏、浙江、安徽	上海、江苏、浙江、安徽	上海、江苏、浙江、安徽、山东	江苏、浙江、安徽、北京、天津、山东	上海、江苏、浙江、安徽、山东、北京、天津
2017 年	江苏、浙江、安徽	上海、江苏、浙江、安徽	上海、江苏、浙江、安徽、山东	江苏、浙江、安徽、北京、天津、山东	上海、江苏、浙江、安徽、山东、北京、天津

(续表)

年份	创新区域				
	3个	4个	5个	6个	7个
2016年	江苏、浙江、安徽	上海、江苏、浙江、安徽	上海、江苏、浙江、安徽、山东	江苏、浙江、安徽、山东、北京、天津	上海、江苏、浙江、安徽、山东、北京、天津
2015年	江苏、浙江、安徽	上海、江苏、浙江、安徽	北京、天津、山东、江苏、浙江	江苏、浙江、安徽、山东、北京、天津	上海、江苏、浙江、安徽、山东、北京、天津
2014年	江苏、浙江、安徽	上海、江苏、浙江、安徽	上海、江苏、浙江、安徽、山东	江苏、浙江、安徽、山东、北京、天津	上海、江苏、浙江、安徽、山东、北京、天津
2013年	江苏、浙江、安徽	上海、江苏、浙江、安徽	江苏、浙江、山东、北京、天津	江苏、浙江、山东、北京、天津、安徽	上海、江苏、浙江、安徽、山东、北京、天津
2012年	江苏、浙江、安徽	上海、江苏、浙江、安徽	江苏、浙江、山东、北京、天津	江苏、浙江、山东、北京、天津、安徽	上海、江苏、浙江、安徽、山东、北京、天津
2011年	上海、江苏、浙江	上海、江苏、浙江、安徽	江苏、浙江、山东、北京、天津	江苏、浙江、安徽、北京、天津、山东	上海、江苏、浙江、安徽、山东、北京、天津
2010年	上海、江苏、浙江	上海、江苏、浙江、安徽	江苏、浙江、山东、北京、天津	上海、江苏、浙江、北京、天津、山东	上海、江苏、浙江、北京、天津、山东、安徽

　　从各年度全国范围择优方案中可以发现,择优区域主要集中在华东地区的上海、江苏、浙江、安徽,以及华北地区的北京、天津、山东7大省(直辖市)。究其原因,主要是东部地区得天独厚的地理优势使其在经济、文化、教育、医疗等各方面均优于中西部地区,为创新要素的流动

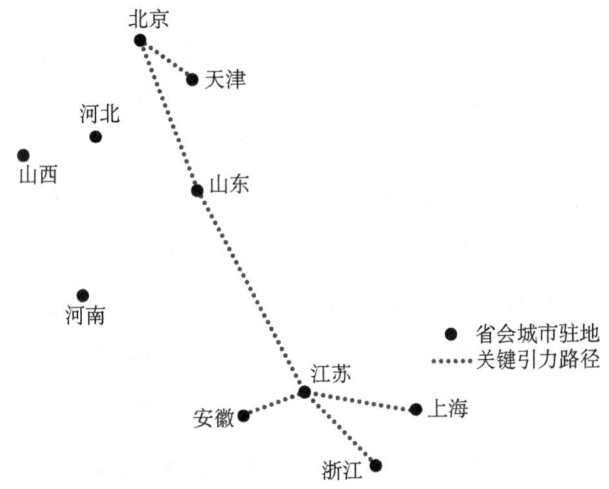

图 4.3　全国范围创新区域择优关键引力路径

提供了更强的吸引效应,区域之间创新要素流动更加便捷,互动更为密切,创新机会更多,创新实力更强,这是从网络"图论角度"给出的验证。

2. 中西部地区创新区域择优

东部地区不断利用其科研优势,吸引着更多 R&D 资本、更高技能的 R&D 人员,这些创新要素的流入进一步推动了其创新能力,在"马太效应"的影响下,东部地区形成了更优质创新要素的集聚效应,产生了更多内生性技术进步及创新成果。然而这也导致了有限的创新要素过度集中于东部地区,在其创新能力增长的同时,却也加大了我国地区创新能力的差异及非均衡性,导致中西部地区在创新发展中无法获得更为有效的创新要素。

根据相关研究[158-159],各区域在创新资源和创新能力方面存在的差异是区域经济增长差距产生的深层次原因——创新才是影响经济持续增长的内生性动力。而地区发展差距的扩大,将会影响我国经济运行的整体效率,造成社会资源的低效配置,进而影响经济的可持续增长。因此,我国需要缩小地区发展差距,提升中西部地区的创新能力,尤其需要对中西部地区加大政策扶持与创新要素的投入。

中西部地区总面积占据全国总面积的71%,面对如此辽阔的疆域,中西部地区应避免创新要素分散而导致的资源利用率低下,或有限的创新资源因虚耗无法产生更高的创新效益。中西部地区尤其需要科学择取优先发展区域,实现创新要素的准确投入和高效流通,以较少创新投入带来更大收益。本节依据最优 K-生成树理论,选取总"创新引力"值最大的区域,各年度分别选取 3~4 个重点区域,择优方案如表 4.6 所示。其中 2018 年度中西部 4 个区域的关键引力路径,如图 4.4、图 4.5 所示。其他年度关键引力路径见附录 4、附录 5。

表 4.6 中西部地区创新区域网络择优方案

年份	创新区域—中部		创新区域—西部	
	3 个	4 个	3 个	4 个
2018	湖北、湖南、安徽	湖北、湖南、安徽、河南	重庆、四川、贵州	重庆、四川、贵州、陕西
2017	湖北、湖南、安徽	湖北、湖南、安徽、河南	重庆、四川、贵州	重庆、四川、贵州、陕西
2016	湖北、湖南、安徽	湖北、湖南、安徽、河南	重庆、四川、陕西	重庆、四川、陕西、贵州
2015	湖北、湖南、安徽	湖北、湖南、安徽、河南	重庆、四川、陕西	重庆、四川、陕西、宁夏
2014	湖北、湖南、安徽	湖北、湖南、安徽、河南	重庆、四川、陕西	重庆、四川、陕西、宁夏
2013	辽宁、吉林、黑龙江	湖北、湖南、安徽、江西	重庆、四川、陕西	重庆、四川、陕西、宁夏
2012	湖北、湖南、安徽	湖北、湖南、安徽、江西	重庆、四川、陕西	重庆、四川、陕西、宁夏
2011	辽宁、吉林、黑龙江	湖北、湖南、安徽、河南	重庆、四川、陕西	重庆、四川、陕西、宁夏
2010	辽宁、吉林、黑龙江	湖北、湖南、安徽、江西	重庆、四川、陕西	重庆、四川、陕西、宁夏

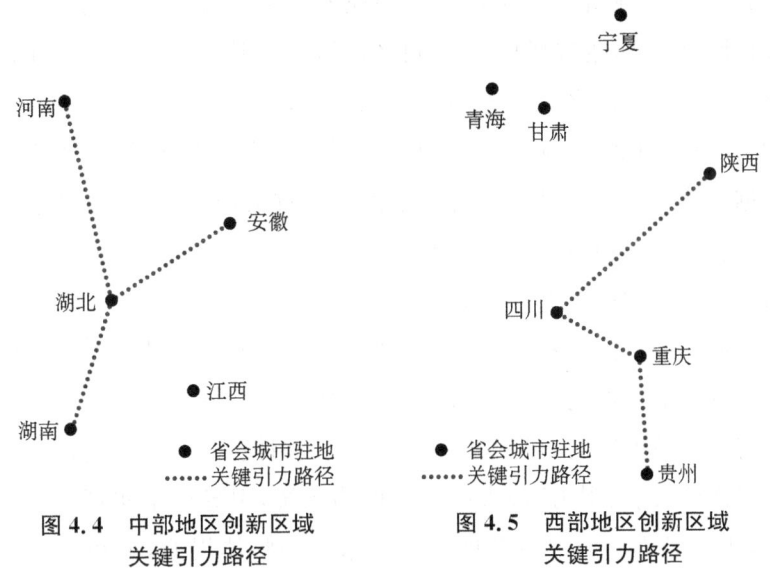

图 4.4 中部地区创新区域关键引力路径

图 4.5 西部地区创新区域关键引力路径

4.3.5 政策建议

我们从创新要素区际流动的动态化空间关联视角,设计了体现创新要素区际流动特点的指标体系框架,并构建了创新引力网络。本章以我国 2010—2018 年指标数据为例,采用最优 K-生成树理论,分年度给出全国范围及中西部地区的创新区域择优结果,从而为创新发展战略布局、科学规划提供了理论依据及政策支持。基于这些建模和优化计算,我们总结出的有关政策建议如下:

首先,在创新区域网络中,决策者应优先考虑"引力"最大的生成树关键引力路径上的协同与合作,防止禁锢创新要素流动的保护主义,营造有利于创新要素自由流动的政策环境和市场机制。正如本节实例,决策者按最优 K-生成树路径制定流通方案,可使区域间连通的总"引力"值达到最大,此时能最大限度地利用引力效应实现资源的高效流动及合理配置,提高有限创新要素在各区域之间的供给与利用效率,达到资源利用的最佳状态。

其次，各区域主体在创新活动中应充分考虑自身既有的创新要素与择优网络中其他被择区域之间区位因素的影响，将与之存在最优"关键引力路径"的区域要素纳入规划体系；或与之建立资源的长效共享、互动流通机制，加强与周边地区的创新合作。例如，区域管理部门可依据最优 K-生成树关键引力路径制定政策，利用区际创新引力联系引导合作，实现择优主体之间的有效联结、协同互动，从而促进所选区域网络创新效率的共同提高。

最后，针对地区发展不平衡的现状，政策制定部门可加大对中西部地区创新的供给与扶持。考虑资源的稀缺性，在制定创新要素投入与扶持的政策方案时，可依据最优 K-生成树模型，将有限的研发资源重点提供给"创新引力"最大的区域网络系统，引导要素实现区际高效流通，从而带动整个中西部地区创新水平的整体提升，缩小地区发展差距。

值得进一步说明的是，当研究基于要素流动而构建的创新网络时，若干区域在网络中的核心作用和区位价值不容忽视。从全国范围创新区域择优方案可以看出，山东省承担着连接华北与华南新区域的枢纽角色；作为南北创新合作一体化进程中的关键节点，山东省具有独特的文教优势及科创潜力，且其区位优势更有助于促进南北区域创新要素的充分交流与频繁互动，加速创新合作一体化网络格局的形成。此外，中部地区择优结果体现了湖北省在区域创新网络中的核心作用与区位价值；相较于其他地区，湖北省拥有众多高等学府及科研机构，高新技术开发区数量也领先于其他中部省份，其在中部地区创新网络中的地位优势和未来价值还将进一步呈现。

第 5 章　扩展最优树理论与经典 TSP 问题

旅行商问题是应用数学界最古老的未解难题之一,也是运筹学组合优化领域的经典难题[160]。TSP 问题流传甚广、颇负盛名,无论是科学研究领域,抑或人类社会的经济生活,诸多问题都可归结为 TSP 问题(或间接转化为 TSP 问题),其一般表述为:有旅行商从某一城市出发,欲遍历各城市至少一次,最后再回到初始出发点,在各城市间旅行距离已知的情况下,应当选择怎样的行走路线,才能使其经过的总行程最短?

对于无向完全图,始点和终点不同的 TSP 问题就是图的一条最小 Hamilton 路,而 Hamilton 路亦可看作最大顶点度为 2 的生成树;反之,如果对生成树的顶点度数加以限制,亦可得到 TSP 问题。树与 TSP 问题的联系十分紧密,有学者曾以生成树估算 TSP 问题的上下界,或借鉴树的算法来求解 TSP 问题。

TSP 问题不仅是实用算法的设计、分析、实现与实验评估方面的代表性问题,而且还是应用数学以及运筹学与数学规划方向的驱动力量。

5.1　最优树理论与 TSP 问题

5.1.1　最小 1-树与 TSP 问题

对任一给定的无向网络图 $G=(V, E)$,V 为顶点集,E 为边集。

如 G 中任意两点间都存在一条路径,则称 G 为连通图。由前述章节可知,生成树是指包含图 G 中所有顶点,且没有回路的连通图;在所有生成树中,具有最小总成本的为最小生成树。

基于以上概念,在生成树的基础上,Gilbert[161]扩展定义了 1-树(1-Tree)。

定义 5.1 找顶点集 $V\backslash\{1\}$ 上的一棵生成树,从其上延伸出两条新边以连接顶点 1,由此构成图 $G=(V, E)$ 的一棵 1-树。

其中,$V\backslash\{1\}$ 表示点集 V 与点集 $\{1\}$ 的差集,此处的点 1 并非特指图中的某一点,而只泛指 V 中任一点,且可随机选取。图 5.1 展示的就是一棵 1-树:

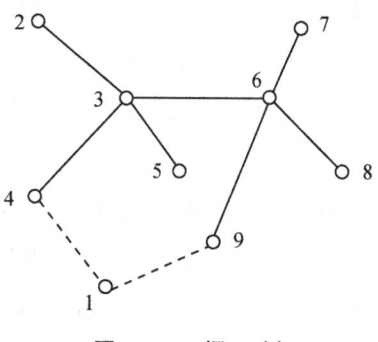

图 5.1 一棵 1-树

由于点 1 的任意性,点集 $V\backslash\{1\}$ 上可有多个生成树,且从其上延伸出的与 1 相连的边亦存在多种选择,以上几种因素共同叠加,使一个图有多个不同的 1-树。

设图 G 的顶点集 $V=\{1, \cdots, n\}$,令赋权图 G 中各顶点 (i, j) 间的权重为 $w_{ij}(w_{ij}>0, w_{ii}=\infty, i, j \in V)$,$w_{ij} \in W$,可给出如下定义:

定义 5.2 在图 $G=(V, E, W)$ 中,将所有 1-树中总权重最小的一个称为最小 1-树(min 1-Tree)。

设

$$x_{ij} = \begin{cases} 1, & \text{若}(i,j)\text{在最小 1-树上} \\ 0, & \text{其他} \end{cases} \quad (5.1)$$

则 min 1-Tree 可表示为如下的数学规划模型：

$$\min Z(x) = \sum_{i<j} w_{ij} x_{ij} \quad (5.2)$$

$$\text{s.t.} \begin{cases} \sum_{i=1}^{n} \sum_{j=1}^{n} x_{ij} = n & (5.3) \\ \sum_{j=1}^{n} x_{ij} = 2, \ i = V \setminus \{V \setminus \{1\}\}, i \neq j & (5.4) \\ \sum_{\substack{i \in S \\ \text{or } j \in S}} \sum_{\substack{j \in S \\ i \in S}} x_{ij} \leqslant |S| - 1, \ \forall S \subset V \setminus \{1\}, S \neq \varnothing & (5.5) \\ x_{ij} \in \{0, 1\} & (5.6) \end{cases}$$

由于包含了通过点 1 的一个环，min 1-Tree 相比普通生成树多了一条边，约束(5.3)即满足了边的要求；约束(5.4)表示从某一点连出 2 条新边，该点的度为 2；约束(5.5)则满足了 $\{V\}\setminus 1$ 中生成树无任何子回路的要求。

需要进一步说明的是，由于包含了通过点 1 的一个回路，一棵 1-树并非常规意义上的生成树，却可由此将一棵 1-树扩展至著名的旅行商问题。

结合图的顶点度定义，可得到以树定义的 TSP 及其最优解的另一种表述。

定义 5.3 TSP 等价于图 G 上各顶点度都为 2 的一个 1-树；TSP 的最优解对应图 G 上各顶点度都为 2 的一个最小 1-树[162-163]。

换言之，如能找到一个最小 1-树可构成 TSP 问题的一个解，则其即为最优解。因此，TSP 问题也即一种特殊的最小 1-树。

5.1.2 生成树与 TSP 问题

生成树与 TSP 问题的联系还不止这些。1856 年，爱尔兰数学家

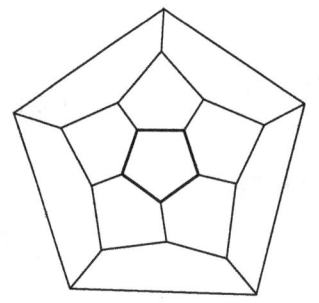

图 5.2 Hamilton 周游世界问题

Wiliam Rowan Hamilton 爵士研究了经过正十二面体全部 20 个顶点的周游路线,即著名的"周游世界"游戏。其中,顶点代表 20 座世界名城,每条棱代表城市间连接路线,问以某一城市为出发点,沿着边走,能否经过每个城市恰好一次且再回到出发点? 由于 Hamilton 最早给出了这一定义,后人将这一问题称为 Hamilton 问题,如图 5.2 所示。

由第 3 章可知,对于含 n 个顶点的连通图 G,当生成树各顶点的度限制 $b_i=2,(i=1,\cdots,n)$,即可得到图的一条 Hamilton 路;换言之,Hamilton 路本身即为一棵生成树。将此路径首尾相接,就得到一个 Hamilton 圈。

Hamilton 问题描述的周游世界游戏与 TSP 问题密切相关,因此,可利用图论语言将 TSP 问题表述为:在赋权完全图中找到一条最短的 Hamilton 路(或 Hamilton 回路),即为 TSP 问题的最优解。

在完全图意义下,可将 TSP 问题视为一个最小 Hamilton 圈问题(Minimum Hamiltonian Cycle Problem),因此,我们可通过研究图的最小 Hamilton 圈来求得 TSP 问题的最优解[164];或将生成树问题的算法改进得到 TSP 问题的近似算法[165-166];抑或利用生成树快速估算 TSP 问题的上下界;等等。总之,TSP 问题与生成树既环环相扣,又紧密相连,其联系如图 5.3 所示。

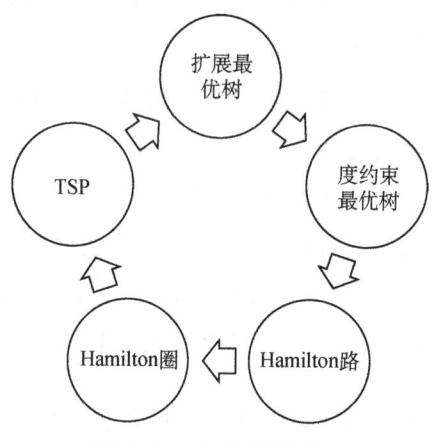

图 5.3 TSP 与树的联系

5.1.3 TSP 问题的数学模型

为构造 TSP 问题的数学模型,首先给出如下符号说明:

记 $G=(V,E)$ 为无向赋权图,$V=(1,2,\cdots,n)$ 为顶点集,E 为各边集,各顶点间的距离为 $d_{ij}(d_{ij}>0, d_{ii}=\infty, i,j \in V)$。

设:

$$x_{ij} = \begin{cases} 1, & 若(i,j)在最优回路上 \\ 0, & 其他 \end{cases} \quad (5.7)$$

经典 TSP 问题可表示为如下的数学规划模型:

$$\min Z = \sum_{i=1}^{n}\sum_{j=1}^{n} d_{ij} \cdot x_{ij} \quad (5.8)$$

$$\text{s.t.} \begin{cases} \sum_{j=1}^{n} x_{ij} = 1, & \forall i \in V \quad (5.9) \\ \sum_{i=1}^{n} x_{ij} = 1, & \forall j \in V \quad (5.10) \\ \sum_{i \in S}\sum_{j \in S} x_{ij} \leqslant |S|-1, & \forall S \subset V, S \neq \varnothing \quad (5.11) \\ x_{ij} \in \{0,1\} & \quad (5.12) \end{cases}$$

约束(5.9)和约束(5.10)表示对每个顶点而言,有且仅有一条边进、一条边出,即点的度为 2;$|S|$ 为集合 S 中所含顶点个数,约束(5.11)的作用在于保证没有任何子回路解的产生;同时满足约束(5.9)、约束(5.10)、约束(5.11)的解可构成一条 Hamilton 回路。

当 $d_{ij}=d_{ji}(i,j \in V)$ 时,称为对称 TSP 问题。当对所有的 $1 \leqslant i,j,k \leqslant n$,如有不等式 $d_{ij}+d_{jk} \geqslant d_{ik}$ 成立时,则称此问题满足三角形不等式,简记为 ΔTSP。就一般情形而言,如若距离矩阵可由一度量矩阵导出,则三角形不等式均能自动满足。另外一类自动满足的是闭包矩阵,其元素 d_{ij} 表示的是对应的完全图中 $i \to j$ 的最短路长。现实中可将不满足三角形不等式的问题转换为 ΔTSP 形式进行求解,两者所得最优解等价。此外,大多数问题都满足三角不等式,因此,ΔTSP 是一种主要的研究类型。

除了经典 TSP 问题,还有一系列扩展的 TSP 问题,如瓶颈 TSP 问题[167]、最小比率 TSP 问题[76]、时间约束 TSP 问题[168]、多目标 TSP 问题等[169-170]。

5.1.4　TSP 问题的研究意义

TSP 问题是组合优化领域一个非常重要的课题,无论在学术范畴,还是在社会经济生活的实际应用中,诸多问题都可归结为 TSP 问题(或间接转化为 TSP 问题)而予以解决。例如,旅行问题,物流及其配送路线的设置等问题,均需考虑选择怎样的行驶路线以使总的行程最短、成本最低,这类问题即为典型的 TSP 问题。

此外,虽然有些问题从表面上看来与旅行商行走路径并无直接联系,但究其本质,它们却是一脉同源。

在现代制造业中,类似钻孔、装配这类重复性工作常常由机械设备完成。自动钻孔机在特定位置之间移动并打出小孔,使钻孔机钻头总移动时间最短的路程规划就可视作 TSP 问题在工业机械领域的又一大应用。在国际通行的 TSPLIB 实验数据库中,有很大部分的实例是关于工业电路板的钻孔问题。例如,含 318 座、1 002 座、2 392 座城市的电路板钻孔问题,以及含 85 900 座城市的计算机芯片加工定制实例问题。

在天文观测中(望远镜观测太空星系),为合理使用昂贵的天文仪器,节约资金,高效完成太空探索计划,人们需把望远镜设备旋转到合适的位置以便观测者从最佳角度进行观测。大型望远镜的快速转动由计算机驱动电机调节操控,整个过程复杂耗时。对于一组观测,可通过规划一条路线使每次快动耗费时间之和最小,以此节约整个太空观测计划的总时间。此时,经典 TSP 问题里的待访问城市可形象化地理解为需观测的对象(星体),城市之间的距离即望远镜在观测物体之间快速转动过程所需时间。

假设安排一个生产作业任务，某台机器需要完成一批加工任务，而同一时间只能加工一项任务，并且在下一项任务开工前，机器还需进行若干准备工作，比如对机器的清洁、设备的调试等。已知任意两项任务之间的转换时间和每项任务的加工时间，要求所有任务的完工时间最短，问应当如何安排加工次序？这时，可用 c_{ij} 表示从任务 i 到 j 的转换时间以及任务 j 的加工时间，再假设一个任务 O（加工时间为 0）代表整个作业的开始和结束。这样，这些作业任务又可转化为一个 TSP 问题。

作为组合优化领域中的典型问题，对 TSP 的理论探讨与应用研究还将有益于其他组合优化难题的解决。事实上，组合优化领域的诸多开拓和进展也都源自对 TSP 问题的深入探索和研究。例如，TSP 是车辆路径问题（Vehicle Routing Problem，VRP）的子问题，TSP 问题为物流配送路线的优化提供了解决方案。此外，TSP 问题的研究还推动了 20 世纪学术界对"计算复杂性理论"的深入探讨[20]；经典优化方法中的"分支定界法"即首先被用于求解 TSP 问题[171-172]且取得了成功。

5.1.5　TSP 求解方法

最早的关于 TSP 问题的描述是欧拉所研究的骑士周游问题：针对国际象棋棋盘中的全部 64 个方格，要求骑士有且仅走访每个方格一次，并返回到起始方格。从环游美国 33 座城市的 TSP 之旅，到环游地球上 1 904 711 座城镇的终极旅行挑战，尽管 TSP 问题描述简单，但其求解困难。

TSP 问题历史悠久，作为经典的组合优化难题，当问题规模 n 较小时，可用确定型算法求得问题的最优解。早期的研究者借助精确型算法进行求解，但随着问题规模的增大，精确型算法却也无能为力。以包含 n 个点的对称 TSP 问题为例，其可行解数量可达 $(n-1)!/2$。即便是极小规模的 TSP 问题，其可行解数量也高达天文数字，如当 $n=$

20时,可行解数量就超过了10^{16}。

作为一个典型的 NP 完全问题,自 TSP 问题提出以来,国内外众多学者历时数百年,耗费精力研究切实有效的解决方法。按求解精确程度而言,可将求解 TSP 问题的算法分为精确型算法和近似算法。

精确型算法,是指可在有限步骤、在可接受时间内找到问题最优解的算法,如割平面法、动态规划法、分支定界方法等[173-174]。但这类算法结构复杂,程序代码繁琐,当问题规模增大时,往往需耗费大量的时间和空间。且随着它们在大规模问题求解上的失效,人们不得不退而求其次,寻找近似算法。

近似算法,也称启发式算法,以获得 TSP 问题的满意解而非最优解为目标。相较于精确型算法,近似算法一般实现简单,运行时间短。对于有些 TSP 问题,设计合理的近似算法得到的满意解的平均质量与精确算法相差无几,但却节约了大量的时间与空间。因此,为满足实际应用所需,人们常常采用近似算法以获得 TSP 问题的满意解。

按第 2 章对优化方法的分类,可将求解 TSP 问题的近似算法进一步细分为旅行构造法、旅行改进法及旅行组合算法。

旅行构造法通过在每一步插入一个旅行点的方式,逐步构造 TSP 问题的解。假设 TSP 问题的规模为 n,则经过 n 步后,将 n 个点全部插入即得到一条完整的旅行解。比较经典的几种构造型方法有最近邻算法、贪心算法、插入算法。

1. 最近邻算法

在构建路线伊始,设计者每次在未访问过的城市中选择距离当前城市最邻近的一个,这样得到的路线虽然在当下(前进时)最优(选择了最近距离的城市),但就全局路线而言通常不一定是最短的。因此,最近邻法(nearest-neighbor algorithm)虽然求解速度快,然而求解精度却差强人意。

2. 贪心算法

我们使用最近邻算法求解时,从初始点出发,每一步只能选择距当前最近的可达城市,因此,基于同一个出发点每一步骤只能生成一条路线。贪心算法(Greedy Algorithm)以最短边优先为原则,选择每一步时都把最短的可用路线或路线片段加入解集,因此,每一步骤可同时生成许多段子路线,每次新增的子路线可分散在各处,并最终连成一条完整的路线。

3. 插入算法

从一条周游几个城市的子路线出发,按一定的规则逐渐插入新城市,使插入后的路线长度最短,按此方法逐步扩张路线并最终包含所有城市,这种方法就是插入算法(insert algorithm)。这些插入规则有最小插入法(cheapest insertion algorithm)、最近插入法(nearest insertion algorithm)、最远插入法(farthest insertion algorithm)等。

旅行改进法从一条既有的完整旅行线路出发,通过实施各种边交换和点交换策略的调整和改进,以得到一条更短的路径。一种最简单的旅行改进法为 $2\text{-}opt$ 算法,其具体做法为:随机选取两条边,将其对应的 4 个端点的连接关系进行重排,用另外两条更短的边重新连接;如得到的总行程更短,则用新得到的两条边取而代之;或随机选取两个不同途径上的城市,将其互换次序,并逆向反转所选城市间的中间路线。如此反复,直到总行程无法改进为止。图 5.4 展示的是 $2\text{-}opt$ 算法的交换示意图。

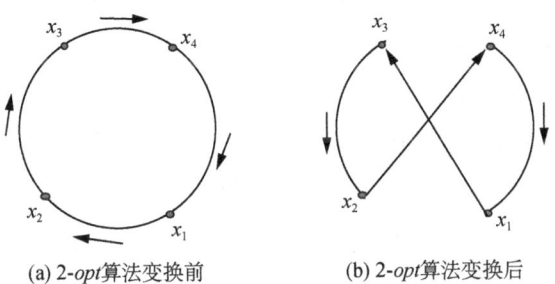

(a) $2\text{-}opt$算法变换前　　(b) $2\text{-}opt$算法变换后

图 5.4　$2\text{-}opt$ 算法的交换示意图

将 $2\text{-}opt$ 算法中对两条边的改进推而广之,同时对多条边进行交换，即得到 λ-opt 算法。将当前旅行线路上的 λ 条边用另外 λ 条边取代，目的是使产生的新旅行比当前旅行更短——著名的 Lin-Kernighan 算法即源于这一思想[175]。事实上，当 $\lambda \geqslant 2$ 时，2-opt 算法是 λ-opt 算法的一个特例。

Lin-Kernighan 算法的每一步都要删除原始路径的 λ 条边，再将与之相连的 $2*\lambda$ 个点重新组合成 λ 条新边，从而获得比当前解更短的新路径。Lin-Kernighan 算法基于 λ-最优性原理：对当前可行解，如用任意 λ 条新边取代任意现有的 λ 条边获得新可行解，均无法改进目标函数值（旅行总路径），则现有可行解满足 λ-最优（简记为 λ-opt）。

由 λ-最优性原理不难推知：满足 λ-opt 必然也满足 λ'-opt，其中 $1 \leqslant \lambda' \leqslant \lambda$，即 λ 满足向下兼容性。

在满足 λ-opt 的可行解中，任意 λ 条首尾相连的边都是依据最短路径排列的最优方案，因此，对一个含有 n 个点的 TSP 问题而言，只要令 λ 无限趋近 n，则求得问题最优解的概率就很大。即对于含 n 个点的 TSP 问题，如一条旅行路径满足 λ-opt，当 $\lambda = n$ 时（满足 n-opt），该旅行路径必为 TSP 问题的最优解。

由此可知，欲求 TSP 问题的最优解，只要在现有可行路径中不断尝试交换 λ 条边，找到满足 n-opt 的旅行路径即可。然而，这一 λ-交换（λ-Exchanges）的尝试工作量却是随着 λ 的不断增加呈指数级增长：对 n 个点的 λ-交换的时间复杂度达 $O(n^\lambda)$。因此，λ 通常只固定取值 2 或 3，较少取到 4、5 或更高数值[176]。

此外，自 20 世纪 50 年代开始，一些源于大自然的群智能优化算法也为 TSP 问题的求解提供了新的思路。诸如遗传算法、蚁群优化、人工神经网络等[177-179]，这些优化策略吸收和借鉴了生物学、物理学等学科的思想和规律，并充分利用了现代计算机与信息技术发展的最新成果，为不同规模、不同结构特点的 TSP 问题提供了切实可行的解决手段。

TSP 问题也是算法工程（algorithm engineering）领域的代表性问

题,它是众多领域优化问题的集中概括和简化表现形式,也是各种启发式算法的间接比较标准。如果一个算法能在 TSP 问题的求解上取得较好的性能,它在其他组合优化问题的求解上也能表现良好。因此,研究快速、有效地解决 TSP 问题的求解方法有着重要的理论意义和实际价值。

5.2 基于遗传变异特性的异类多种群蚁群优化算法的 TSP 问题求解

5.2.1 研究背景

蚁群优化算法自提出以来,被成功用于求解多种组合优化难题[180-182]。但人们在求解中发现,蚁群优化算法存在搜索时间过长、易于停滞等问题。针对这些问题,人们提出了许多改进措施。一些文献[183-184]将算法中的信息素限制于一定范围,以避免陷入局部最优;还有一些文献[185-186]根据算法搜索的情况,对搜索过程中的正反馈机制进行有效控制,使蚁群算法的性能得到有效提高;一些学者[187-188]将单蚂蚁群体扩展至多蚂蚁种群,通过多个种群间的协同进化,加速收敛,缓解传统蚁群算法容易早熟、停滞的问题,并在解决多目标问题上显示出一定的优越性。还有一些学者[189-191]通过将蚁群优化算法与其他启发式算法相结合,利用其他启发式算法的优点,以此来改善和提高蚁群优化算法的整体性能。

经分析不难看出,现有文献主要从 3 个角度对蚁群优化算法进行改进:

(1) 立足单个蚂蚁群体自身的改进,如将群体内信息素限制在一定的区域内,避免某些边上的信息素过大或者过小而致算法陷入局部最优。

(2) 将单个蚂蚁群体的寻优机制,扩展至多个蚂蚁群体的共同寻优,使多个种群并行处理,协同进化,以提高收敛效果。

(3) 通过与其他启发式算法有机融合,实现各算法之间优势互补,以达到跳离局部最优的目标。

基于以上3个角度,本节从多种群蚁群优化算法的思想出发,融入遗传变异机制,提出一种基于遗传变异特性的异类多种群蚁群优化算法(heterogeneous multiple ant colonies algorithm based on genetic mutation features, HMACGM),并将其用于 TSP 问题的求解。基于 TSPLIB 中实例数据的测试表明,该算法性能良好,能解决一般规模的 TSP 问题,满足实际应用所需。

5.2.2 HMACGM 算法原理

5.2.2.1 异类多种群蚁群定义

HMACGM 算法通过具有不同寻优机制的蚂蚁群体参与搜索来发现问题的解,每种蚁群分别从不同角度出发执行相异的搜索方案。各种群间既相互独立,又共享信息。

由于蚁群优化算法中影响蚂蚁群体寻优结果的因素主要有转移概率、信息素更新、启发因子等,针对待求解的 TSP 问题,我们设计如下 3 种不同机制蚁群参与寻优。

1. 蚁群 1(ant colony 1)

蚂蚁按下式选择下一个要到达的状态

$$p_{ij}^k = \begin{cases} \dfrac{[\tau_{ij}(t)]^\alpha + [\eta_{ij}(t)]^\beta}{\sum_{s \in allow_k}([\tau_{is}(t)]^\alpha + [\eta_{is}(t)]^\beta)}, & s \in allow_k \\ 0, & s \notin allow_k \end{cases} \quad (5.13)$$

其中,τ_{ij} 为边 i 与 j 之间的信息素强度,$\eta_{ij} = 1/d_{ij}$,d_{ij} 为城市 i 与 j 之间的距离,$allow_k$ 为位于城市 i 的蚂蚁 k 下一步可到达的城市集合。

不同于基本蚁群算法中转移概率设置的方式,此处 p_{ij}^k 为线性和的形式,既在一定程度上提高了寻优速度,同时也并不影响计算效果。

当所有蚂蚁完成解的构造后,计算本次迭代的最优解(IBS);然后将其与历史记录的最优解(GBS)进行比较,若小于GBS,则用IBS替换GBS;并将所有边上的信息素按下式进行更新:

$$\begin{cases} \tau_{ij}(t+1) = (1-\rho)\tau_{ij}(t) + \Delta\tau_{ij} \\ \Delta\tau_{ij} = \sum_{k=1}^{n} \Delta\tau_{ij}^{k} \end{cases} \quad (5.14)$$

其中,$\rho(0<\rho<1)$为信息素蒸发系数,$\Delta\tau_{ij}^{k}$为第k只蚂蚁在城市i与城市j连接路径上释放的信息素浓度,$\Delta\tau_{ij}$表示所有蚂蚁在城市i与城市j连接路径上释放的信息素浓度之和,$\Delta\tau_{ij}^{k}$按下式进行计算:

$$\Delta\tau_{ij}^{k} = \begin{cases} Q/L_k, & \text{第}k\text{只蚂蚁从城市}i\text{访问城市}j \\ 0, & \text{其他} \end{cases} \quad (5.15)$$

其中,Q为常数,L_k为第k只蚂蚁在本次迭代中经过路径的长度。

2. 蚁群2(ant colony 2)

针对正反馈过程容易陷入"局部极小"的问题,蚁群2立足于寻优过程中信息素的更新机制,通过动态自适应调整信息素的大小,既有效扩大搜索空间,又尽最大可能寻找最优解,即根据算法搜索的情况,动态修改需要增加的信息素。蚁群2可采用时变函数$Q(t)$来动态调整信息素,即:

$$\Delta\tau_{ij}^{k} = Q(t)/L_k, \text{第}k\text{只蚂蚁从城市}i\text{访问城市}j \quad (5.16)$$

$Q(t)$随搜索过程做实时的调整和变化,可取$Q(t)$为一阶梯函数:

$$Q(t) = \begin{cases} Q_1, & t \leqslant T_1 \\ Q_2, & T_1 < t \leqslant T_2 \\ Q_3, & T_2 < t \leqslant T_3 \end{cases} \quad (5.17)$$

或者,$Q(t)$也可简化为一线性函数,如:

$$Q(t+1) = \theta \cdot Q(t), \quad 0 < \theta < 1 \tag{5.18}$$

此外,由于信息素挥发因子 ρ 的存在,寻优过程中会使那些从未被搜索到的路径上的信息素减小到几乎为 0,从而降低算法的全局搜索能力。学者们分析发现,如果 ρ 过大,会强化蚁群对以前到访过的路径的重复搜索,影响算法的随机性和全局搜索能力;反之,如果 ρ 过小,又会使算法的收敛性大打折扣。因此,蚁群 2 自适应地改变 ρ 的值,当所得解在一段时间内无改进时,按下式自适应地动态调节:

$$\rho(t+1) = \begin{cases} \gamma\rho(t), & if \ \gamma\rho(t) \geqslant \rho_{\min} \\ \rho_{\min}, & 其他 \end{cases} \tag{5.19}$$

其中,$0 < \gamma < 1$,$\rho_{\min}$ 是为防止 ρ 过小而设定的临界值。

通过时变函数 $Q(t)$ 及信息素挥发因子 ρ 的自适应调节,当蚁群 2 搜索陷入"局部最优"时,自适应调节会减少要添加的信息素,从而缩小局部最优路径和最差路径上信息量的差距,适当抑制算法中的正反馈,也即扩大搜索范围,使算法能最大限度地跳离"局部最优"。

3. 蚁群 3(ant colony 3)

蚁群 3 立足于转移概率中的启发式因子的相对重要程度,由基本蚁群算法可知蚂蚁的转移概率为:

$$p_{ij}^k = \begin{cases} \dfrac{[\tau_{ij}(t)]^\alpha \cdot [\eta_{ij}(t)]^\beta}{\sum_{s \in allow_k}([\tau_{is}(t)]^\alpha \cdot [\eta_{is}(t)]^\beta)}, & s \in allow_k \\ 0, & s \notin allow_k \end{cases} \tag{5.20}$$

其中,α 反映了蚂蚁在寻优过程中累积的信息量程度,α 越大,蚂蚁选择以前走过的路径的可能性就越大,可加速算法的收敛,但同时也降低了搜索的随机性;反之,α 越小,蚂蚁搜索的随机性增大,但是算法收敛性能降低。

β 反映了城市之间的距离在指导蚁群搜索过程中的相对重要程度,β 越大,城市之间的距离在搜索过程中所起作用越大,此时,蚁群 3

执行的算法近似于贪心算法,易于陷入"局部最优";反之,β 越小,导致蚂蚁群体的随机性越大,这种情况下通常难于找到最优解。

因此,蚁群 3 在初始阶段给 α,β 设置较小的值,以此来扩大初始阶段蚁群的搜索范围,但为了避免于"局部最优",当算法连续若干次所得解没有变化时,按(5.21)(5.22)两式动态自适应增大 α,β,以启发寻优搜索过程。

$$\alpha(t+1)=\begin{cases}\lambda_1\alpha(t), & if\ \lambda_1\alpha(t)<\alpha_{\max}\\ \alpha_{\max}, & 其他\end{cases} \quad (5.21)$$

$$\beta(t+1)=\begin{cases}\lambda_2\beta(t), & if\ \lambda_2\beta(t)<\beta_{\max}\\ \beta_{\max}, & 其他\end{cases} \quad (5.22)$$

其中,λ_1,λ_2 为大于 1 的常数,$\alpha_{\max}$,$\beta_{\max}$ 是为防止值过大而设定的临界值。蚁群 3 可以动态改变转移概率中 α,β 的值,如果一段时间内搜索所得解没有改善,则相应增大 α,β,以此来增大搜索空间,指导蚁群 3 以最大概率收敛到最优解。

5.2.2.2 遗传变异机制

异类多种群的设定在一定程度上缓解了蚁群算法本身固有的缺陷,使求解最大限度地向着最优路径进化。但是由于随机机制的作用,即使多个种群协同进化也并不能保证每次都取得最优解,难免会陷入"局部最优"。HMACGM 对某些实际问题的求解结果依然有待进一步改进,因此,引入遗传变异机制就显得十分必要了。

为能最大限度地利用异类多种群搜索得到的解,我们可以先设立一个共享信息库 $Table$,将各类蚁群寻优所得解排序,取最优的前 L 个不同解,加入 $Table$,使其参与遗传变异:先在 $Table$ 中任选两条路径执行交叉操作,随机选取两个点,将其对换位置。为进一步改善搜索能力,再按吴庆洪等[192]在研究中使用的逆转变异策略,改善解的性能。

这样,可充分利用异类多种群蚁群算法产生的较优解信息,使遗传变异机制能侧重应用于那些有可能具有较高适应值的个体所在的区间内,从而使算法能以较大概率收敛到全局最优解。同时,根据算法搜索情况,如一段时间内所得最优解没有改善,遗传变异机制通过自适应动态加大变异的力度,以产生更多的潜在解。

5.2.3 HMACGM 算法实现

5.2.3.1 HMACGM 算法的寻优机制

众所周知,蚁群优化算法在求解过程中易于出现停滞现象,这是由于算法在寻优过程中采用的是路径上信息素的正反馈机制,当算法迭代到一定代数后,某些边上的信息素明显强于其他边,而信息素越多的路径被选择的概率越大。因此,蚁群优化算法在很大程度上受制于先发现的较好解的影响,这些较好解将会以极大的概率引导蚁群陷入"局部最优"。解决这一问题的关键在于既要扩展算法的寻优空间,使寻优过程扩展至可能存在最优解的解空间,又要最大限度地利用已产生的信息素值,使算法把搜索的侧重点放在那些可能具有最优解的空间,从而以更大的概率收敛到全局最优解。也就是说,我们需在"探索潜在最优解"与"利用历史经验值"之间建立一个平衡。

在 HMACGM 算法下,异类蚂蚁群体按各自内部不同寻优机制并行搜索,相较于蚁群优化算法的单一种群,寻优性能提高了;同时,遗传变异机制使算法能更好地跳离"局部最优",以更大概率靠近全局最优。在某些实例的求解中,为最大限度获得最优解,我们可在变异操作执行前,适当随机生成若干个初始路径并将其加入 $Table$,使之共同参与遗传变异,以扩大求解空间。

另外,这里的 HMACGM 算法及各蚂蚁群体在寻优过程中均没有最大迭代次数,算法采用最优个体最少保持代数作为是否终止的判据,这种判据能实时监控算法运行过程中最优解的变化趋势,因而采取相应措施,其选择的路径较最大迭代次数更为合理。

5.2.3.2 算法步骤

HMACGM 算法步骤可描述如下:

Step 1. 初始化参数：最优个体最少保持代数 gen；各蚂蚁群体参数：$\alpha, \beta, \rho, \tau_{ij}, Q$；遗传变异概率 Pm；蚁群 2 另设参数 θ 或 T_1, T_2, T_3, γ；蚁群 3 另设参数 $\lambda_1, \lambda_2, \alpha_{\max}, \beta_{\max}$。

Step 2. 生成 $w=3$ 群蚂蚁，分别随机置于 n 座城市，并将该城市索引置于禁忌表中。

Step 3. for 每只蚂蚁
    repeat:按各自所属群体的转移规则移动到下一城市，
      将该城市的索引号加入自己的禁忌表
    Until 所有城市都访问结束
   end for

Step 4. 计算每只蚂蚁路径长度，并找出 IBS，If IBS<GBS，则记 IBS 为新的 GBS。

Step 5. 按各自群体的信息素更新方式，更新各边上的信息素。

Step 6. if 各群最优个体最少保持代数已达到临界值，then
    记录产生的最优解，
    转 Step 7
  else
    清空所有蚂蚁禁忌表，转 Step 3
  end if

Step 7. 各群体蚂蚁，按解的优劣程度排序，按比例选取较优的若干个蚂蚁，置于共享信息库 $Table$。

Step 8. 对 $Table$ 中优选出的蚂蚁，执行遗传操作的交叉变异机制，如产生的解更优则保留。

Step 9. if 产生的最优解的最少保持代数已达临界值，then
    输出最优解
    算法结束
  else
    增大变异因子，转 Step 8

end if

5.2.4 计算实验

5.2.4.1 关于 TSPLIB 及其使用问题

本节先就测试所用的 TSP 国际标准实例库(TSPLIB)的数据使用作些说明。

从 20 世纪 50 年代起，TSP 问题的算法研究历程中产生了大量的测试算例，其中的绝大多数都是来自世界各国的实际问题数据。目前，学术界已形成了一个比较庞大且国际通行、学术界公认的测试库，除了原始数据，还有迄今为止学术界所找到的最好结果。其中，唯一一个出自我国的实例是"ch71009"，该实例含有中国 71 009 个城市的坐标位置数据，该实例目前尚未找到真正的最优解。这些测试数据集可从以下网址免费下载：

(1) 海德堡大学主页，网址如下：http://comopt.ifi.uni-heidelberg.de/software/TSPLIB95/tsp/；

(2) http://www.math.uwaterloo.ca/tsp/world/countries.html，含世界部分国家的城市 TSP 问题实例，包括我国的"ch71009"。

TSPLIB 提供了多种和 TSP 相关的问题测试数据，如对称型 TSP、非对称型 TSP、车辆路径问题(VRP)、最小 Hamilton 圈问题等，涉及的具体数据格式也有多种。其中，对称型 TSP 的测试数据被用得最多，其度量的距离包含欧氏距离、地理距离、曼哈顿距离、伪欧氏距离、最大距离以及一些特殊格式的距离。对 TSP 数据实例而言，具体数据格式分为欧氏坐标、矩阵距离等。

此外，关于 TSPLIB 还有一个重要的使用前提：参与运算的距离数值都已取整，这是为了避免因不同计算设备在浮点运算上的误差而造成不必要的混乱以及回避在浮点运算上的时间消耗。TSPLIB 的使用说明和相关文档里对此都作了必要的说明和解释，国际学术界也对这些使用前提达成了共识,共同遵守。本书在此基础上选取了相关测试算例,并进行计算和比较。

5.2.4.2 TSPLIB 中不同数据类型的算例

本节选取 TSPLIB 中不同数据类型的算例,采用以上设计的算法进行求解。算法采用 MATLAB 在 Intel Core i5 处理器(2.0 GHz)上运行并输出。

实验所需各参数预先设置如下:蚁群 1,$\alpha=1$,$\beta=5$,$\rho=0.1$,$Q=1$;蚁群 2,$\alpha=1$,$\beta=5$,初始 $\rho=0.5$,$\tau_{ij}=1$,$Q=50$,挥发因子自适应变化率 $\gamma=0.9$,选取 $Q(t+1)=\theta \cdot Q(t)$ 函数进行测试,信息素强度 Q 的变化率 $\theta=0.7$;蚁群 3,$\rho=0.1$,$Q=1$,初始 $\alpha=0.5$,$\beta=1$,α,β 自适应变化率分别为 $\lambda_1=1.001$,$\lambda_2=1.005$,$\alpha_{\max}=3$,$\beta_{\max}=5$。各蚁群初始信息素均为 $\tau_{ij}=1$,蚂蚁数量 $m=50$,最优个体最少保持代数 $gen=80$,变异概率 $Pm=0.05$。

在变异机制下,当算法发现搜索所得解在一段时间内没有改善,则通过自适应调节机制增大变异概率,如可令 Pm 增大至 $0.6 \sim 0.8$,以便尽最大可能跳离"局部最优"。共享信息库 $Table$ 对各蚁群分别按 $L=n/3$ 选择比较优秀的不同个体参与遗传变异,并将结果与不含遗传变异特性的异类多种群蚁群优化(HMAC)进行比较,其参数设置与 HMACGM 算法相同,各运行 15 轮,实验结果如表 5.1 所示。

表 5.1 HMACGM 算法(*)与 HMAC 算法比较(♯)

TSP 实例(已公布最优值)	数据类型	最优值		平均值		与已公布最优值误差	
		*	♯	*	♯	*	♯
Pr107(44 303)	EUC_2D	44 303	46 041	44 421	46 232	0	0.039
Rand50(5 553)	EUC_2D	5 553	5 558	5 557	5 601	0	0.001
Berlin52(7 542)	EUC_2D	7 542	7 662	7 557	7 674	0	0.001 5
Oliver30(420)	EUC_2D	420	421	421	423	0	0.002

(续表)

TSP 实例(已公布最优值)	数据类型	最优值		平均值		与已公布最优值误差	
		*	#	*	#	*	#
kroA100(21 282)	EUC_2D	21 318	22 399	21 429	22 695	0.001	0.052
Eil51(426)	EUC_2D	428	438	431	443	0.004	0.028
Att48(10 628)	ATT	10 628	11 011	10 690	11 121	0	0.036
Bayg29(1 610)	GEO	1 610	1 627	1 617	1 651	0	0.011
Bays29(2 020)	GEO	2 020	2 020	2 024	2 022	0	0
Dantzig42(699)	MATRIX	699	709	704.2	730.8	0	0.014

从实验结果看，HMACGM 算法对于多个 TSP 实例均能求得最优解，与 TSPLIB 公布的最优值相同，且结果明显优于不含遗传变异特性的 HMAC 算法。其中，对于 Berlin52，Rand50 及 Oliver30 这类实例问题，算法能多次收敛到 TSPLIB 提供的最优整数解，表明算法对这类实例问题的求解性能良好；对于 Eil51，kroA100 这类实例，求得的最优整数解与已公布的最优整数解之间的误差都在 0.004 以下，也已经很接近公布的最优整数解。

在蚁群 2 参数设定中，信息素强度 Q 的变化采用 $Q(t+1)=\theta \cdot Q(t)$ 函数形式，我们只需设定参数 θ，且无需设置 Q 与 ρ 的最小值，这样既减少了算法中的参数个数，也并不影响寻优结果。我们在对其他数值问题的求解实验中还发现，由于遗传变异机制的存在，我们不必对多种群蚁群算法中参数进行精确设定，算法也能通过自适应调整变异概率的方式，最大限度地使求解问题跳离"局部最优"。

不同于现有文献，我们还特意针对 TSPLIB 中不同数据类型分别进行测试计算，除了选取常用的二维欧氏距离，还选取了伪欧氏距离、地理距离等类型数据。实验结果显示，即使数据类型不同，算法依然能够收敛到最优解。

需要特别说明的是，对同一问题而言，不同格式的数据将导致相异的求解结果。例如,对于 Dantzig42 问题,本节采用了 TSPLIB 中 LOWER_DIAG_ROW 格式数据,可求得最优解为 699,与已公布最优解相同;如采用其坐标格式数据,并经 Concorde 优化软件中的 Branch-and-Cut 算法精确求解验证,可求得最优解为 675。

5.3 基于多核多线程的大规模 TSP 问题的快速算法

5.3.1 研究背景

当 TSP 问题的规模较小时,各种精确型算法即可求解;即使问题规模稍大,也可借助各种启发式算法及智能优化算法来寻求近似解[193-195]。

计算机与信息技术的出现给人类的生产和生活带来了巨大的影响,也促进科学技术获得了前所未有的飞速发展。人们在日常的生产与生活中,比过去任何时候更加依赖计算机来处理海量大规模信息与数据。如何更加高效地利用日新月异的计算机技术,并结合现有的优化方法研究包括 TSP 问题在内的各种大规模组合优化难题,已成为学术界关注的另一个前沿问题。

5.3.2 多核多线程技术

现代计算机体系结构是依据图灵机理论基础建立的,从本质上讲,采用的是串行顺序处理的工作机制[196]。但随着多核处理器的问世,传统的串行程序面临挑战。硬件技术的发展,以及人们对多核处理器性能的追求,这使改善和提高算法执行效率,成了极有价值的研究课题。这就要求人们在算法的编程实现上作出相应改变,以充分利用多核硬件资源,有效提升算法性能和执行效率。

一般来说,多核多线程处理器中通信的主体为一系列线程,各线程之间共享所有内存及其全局变量。多个线程通过共享的全局变量进行通信,在同步控制、数据交换等方面,具有更高效率。基于多核多线程的优化算法的最大优势在于各线程之间通信的便利性,因此,尤其适用于并发操作。然而,多核多线程对编程者的最大挑战在于:①从串行思维向并行思维转变;②由单核线程算法设计向多核多线程算法设计过渡;③通过分布式算法优化编程能力;④需要更多关注硬件底层的调用及设计能力。

在多核多线程算法设计中,线程为参与调度执行的基本单元。多个线程间既相互独立,又彼此依赖。第一,各线程并行、并发,共享资源,因此,人们在创建线程时无需再额外分配内存空间及其他资源,创建线程时间短、资源占用少;第二,线程是操作系统最基本的执行单元,线程切换时,需加载的内容少,切换速度快,切换代价小;第三,多线程同时运行,可有效利用多核处理器的硬件资源,避免硬件资源浪费,明显提高优化算法的运行效率;第四,不同线程共享同一地址空间、全局数据,因此,线程间通信效率更高。为准确描述这一效率,学者们将算法程序并行化之后带来的性能收益以"加速比性能定律"表示,即最优串行算法执行时间与相同环境和问题规模下并行程序执行时间之比。在单核 CPU 中,对客户端软件而言,采用多线程的目的是创建线程,将一些运算放到后台硬件中运行,以免影响用户的界面操作,提高交互响应性能。而在多核 CPU 中,分解多线程是将计算分配至各 CPU 内核上执行,线程的数量与核数有关。这样,如硬件具有 k 个内核可同时执行这些线程,则理论上执行速度最高可提升 k 倍。当然,还需扣除线程间通信所必须占用的少量时间。

目前,多线程思想已广泛应用于商业服务器领域,如在线事务处理、Web 服务等,并发挥了重要作用。然而,传统的运筹学优化领域目前还较少使用多线程算法,即便偶有使用,也局限于硬件的单核情况[197],并不具有并行效果,也缺乏实用价值。

本节针对大规模 TSP 问题的特点,对算法流程重新进行设计,在多线程并行设计模式中,将可以并行的部分加以识别,并将不同的数据块分配给多个线程执行相同操作,即将算法循环模块中每一代的迭代过程,合理分配到各线程中,使各线程间负载平衡,保持有效通信。

5.3.3 算法思想

由前述 λ-opt 可知,当 $\lambda=n$ 时,即可得到 TSP 问题的最优解。然而 λ 并非越大越好,尤其在大规模 TSP 问题的应用求解中,即便是多项式时间级别的实用算法,问题规模一旦变大,算法执行速度和解的好坏仍然是一对难以调和的矛盾。

在 λ-opt 原理基础上,基于大规模问题时间和计算量的考虑,我们既借鉴 2-opt 或 3-opt 算法与其他启发式策略相结合的高效性能,同时也发掘现有硬件资源的优化潜力,将多核多线程的并行优化策略融入算法设计中。根据既定的通信规则,将算法中可能的迭代循环并行化,即将大规模问题中耗时的信息通信直接交由硬件底层,这在一定程度上缓解了因信息交换而导致的时间延迟问题,既节约了计算时间,又提高了求解效率。

基于上述思想,结合多线程的设计策略,我们编制了一类可在常规通用多核电脑上运行的接近并行化的快速算法。该算法从大规模 TSP 问题本身特点着手,识别可用于多线程的并行机会,给出了一种高效的多核多线程并行计算求解方案,并将其与传统的单核单线程实现方式进行了比较,大幅提升了计算效率,有效缓解了大规模问题运算量和运算时间之间的矛盾。

该算法的核心思想分为路径构造与路径改进两个层次:①设计了一种扩展型的随机 k-近邻法用于构造初始路径,其时间复杂度为 $O(nlogn)$;②基于 λ-opt 原理,将时间复杂度为 $O(n^3)$ 的 3-opt 降阶,形成 $O(n^2)$ 级的二阶 3-opt 法,用于回路的改进。我们的降阶策略源于 Dueck 对 442 座城市 TSP 问题的实验,已有研究发现对那些距离很远的城市进行这种边边交换意义不大,因此,我们只需选取距离较近的若干座分别执行这一交换即可。基于这一考虑,我们的降阶策略在于,将 3-opt 法中原先遍历大规模问题中所有可能的边交换改进为从距离较近的若干条边中随机选取一部分,这样既避免了距离较远城市之间的边交换耗费的时间及资源,同时又可通过多线程策略下增加的循环迭代抵消随机因素产生的影响。此外,对于大规模问题,我们借助多核多线程的并行优化,既能解决普通迭代计算时间过长的问题,同时又可在不增加计算时间的前提下提高求解的质量和精度。

基于上述思想,我们设计的多核多线程大规模旅行商问题快速算法及其求解流程,如图 5.5 所示:

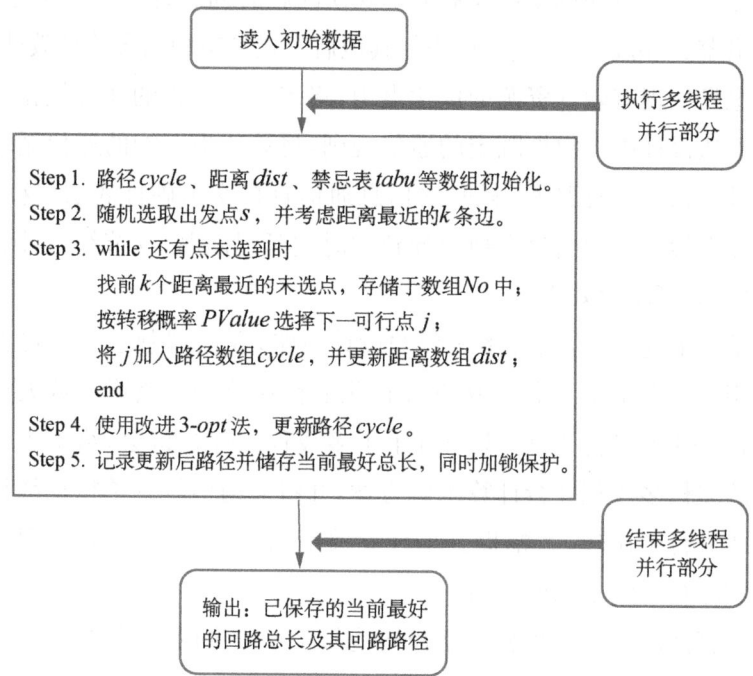

图 5.5　多核多线程大规模旅行商问题快速算法流程

在 Step 2 中,k 由当前迭代次数 myK 确定:当 k < 预设固定值 s_{max} 时,取 $k=myK$;否则,$k=random(myK)$。这里,针对不同规模的 TSP 问题,使用启发式规则,可预设 s_{max} 为不同的数值:如当 $s_{max}=50$ 时,代表考虑距离最近的 50 条边。当然,随着问题规模增大,可根

据情况调整 s_{max} 取值。这样,可将经典的最近邻策略融入算法中。当迭代次数不超过所考虑的近邻点个数时,就将近邻个数遍历一遍,否则就在预设的范围内随机生成。

随后,在 Step 3 中,借鉴蚁群优化算法中转移概率的策略,并针对大规模问题的特点,将转移概率 $PValue$ 按如下方式改进:

for $j=1$ mys_{max}
begin
  $PValue$ 0;
  for $i=1$ mys_{max}
    $PValue = PValue + 1/i$;
  $PValue = (1/j)/PValue$;
end

影响转移概率 $PValue$ 的因素有两个:顶点之间的距离以及最近邻点的个数 mys_{max}。①距离越远(j 越大),被选中的概率越小;②最近邻点个数越多(mys_{max} 越大),选择的多样性也大,降低了算法落入"局部最优"的风险。

整个算法的时间复杂度为:①若嵌入完整的 $3\text{-}opt$ 法,则为 $O(L \cdot n^3)$;②若嵌入改进的 $3\text{-}opt$ 法,则为 $O(L \cdot n^2)$,其中,L 为预设迭代次数。

5.3.4 计算实验

本节采用 TSPLIB 中部分以欧氏坐标(EUC_2D)为存储格式的数据实例进行算法求解测试,硬件平台为"CPU Intel Xeon E-2186M,逻辑处理器 12 核、内存 32G"的移动工作站。算法用 Embarcadero Delphi 在 Windows 10 系统下运行成功,并分别提供了单线程和多线程的选项,以便比较运行时间。

实验 1:中小规模 TSP 问题,验证算法的有效性

为了说明设计开发的多核多线程求解算法的有效性,我们首先选取 TSPLIB 中部分中小规模的问题实例进行优化求解，迭代 1 200 次，各运行 10 轮，其结果如表 5.2 所示。n 为问题规模，偏差率 b 的计算公式为：

$$b = \frac{L_2 - L_1}{L_1} \tag{5.23}$$

其中，L_1 表示各算例已知最优解，L_2 表示本算法求得的最优解，M 为 10 轮运算所得结果的平均值。

表 5.2 中小规模 TSP 问题的计算结果

序号	Instances	n	L_1	L_2	b	M
1	Eil51	51	426	426	0.00	426
2	Berlin52	52	7 542	7 542	0.00	7 542
3	St70	70	675	675	0.00	675
4	Pr76	76	108 159	108 159	0.00	108 159
5	kroA100	100	21 282	21 282	0.00	212 282
6	kroB100	100	22 141	22 141	0.00	22 157
7	kroC100	100	20 749	20 749	0.00	20 749
8	kroD100	100	21 294	21 294	0.00	21 300
9	kroE100	100	22 068	22 068	0.00	22 070
10	Eil101	101	629	629	0.00	629

可以看出，我们的多核多线程优化算法对中小规模问题表现卓越，能获得 TSPLIB 所提供的最优解。我们在实验中发现，对于中小规模问题，可通过增加迭代次数的方式，抵消算法中随机因素的影响，如此，通过一次运行即可得到问题的最优解；而多核多线程方式可将算法增加的迭代部分合理分配至多核各线程中并行执行，因此不会过于影响算法运行速度，算法依然能够快速得到问题的最优解。

为准确反映并行化之后算法获得的性能收益，我们将多核多线程方式下的加速比性能用 S 表示，令 T_1 表示多线程并行执行的计算时间，T_2 为传统单线程执行时间，则：

$$S = \frac{T_2}{T_1} \qquad (5.24)$$

各算例执行时间，以及根据公式(5.24)所得加速比 S，如表 5.3 所示。

表 5.3 中小规模 TSP 问题计算时间对比

序号	Instances	n	T_1	T_2	S
1	Eil51	51	0.677	5.625	8.309
2	Berlin52	52	0.695	6.667	9.593
3	St70	70	1.645	14.866	9.037
4	Pr76	76	2.088	19.334	9.26
5	kroA100	100	4.557	44.208	9.701
6	kroB100	100	4.365	43.581	9.984
7	kroC100	100	4.671	44.208	9.464
8	kroD100	100	4.773	43.27	9.066
9	kroE100	100	4.986	44.501	8.925
10	Eil101	101	4.453	40.126	9.011

实验 2：大规模 TSP 问题，进一步验证算法的优化性能

事实上，规模不同的 TSP 问题的求解需求不一致。对于小规模问题，在可接受的时间范围内获得问题的最优解更重要，如实验 1；而对于大规模问题，在求解偏差率可接受的前提下，缩短求解时间则更为关键。多核多线程的并行优化策略能大幅提高运算效率，有效节约算法执行时间，尤其适用于大规模可扩展性问题，可在有限的时间范围内找到可接受的近似解。

我们选取了 TSPLIB 中部分大规模问题实例，各运行 10 轮，为兼顾计算效果和计算时间，每轮迭代 10 次，其结果如表 5.4 所示。各算例执行时间及加速比如表 5.5 所示。

表 5.4 大规模 TSP 问题计算结果

序号	Instances	n	L_1	L_2	b	M
11	Lin318	318	42 029	42 603	0.01	42 920.3
12	Rat575	575	6 773	7 026	0.04	7 056.8
13	D657	657	48 912	50 562	0.03	50 734.6
14	Rat783	783	8 806	9 143	0.04	9 168.4
15	Pr1002	1 002	259 045	266 148	0.03	269 071.7
16	Pr2392	2 392	378 032	393 269	0.04	395 604.3
17	Pcb3038	3 038	137 694	143 328	0.04	143 815.1
18	Fl3795	3 795	28 772	29 274	0.02	29 366.8
19	Rl5915	5 915	565 530	583 695	0.03	589 464.6
20	Rl5934	5 934	556 045	574 556	0.03	577 839.1

表 5.5 大规模 TSP 问题运行时间对比

序号	Instances	n	T_1	T_2	S
11	Lin318	318	0.8	7.71	9.638
12	Rat575	575	4.117	39.851	9.68
13	D657	657	6.857	72.374	10.555
14	Rat783	783	9.135	96.594	10.574
15	Pr1002	1 002	26.851	324.09	12.07
16	Pr2392	2 392	365.578	4 579.101	12.526
17	Pcb3038	3 038	708.465	8 933.463	12.61
18	Fl3795	3 795	1 099.239	14 189.498	12.908
19	Rl5915	5 915	2 792.875	43 206.443	15.47
20	Rl5934	5 934	2 897.924	47 928.989	16.539

可以看出,在 10 轮迭代后,对规模 1 000 以下的 TSP 问题,该算法 10 秒以内即能得到结果;对规模 1 000 以上的问题,该算法亦能在合理的时间内得到较为满意的方案。其求解结果与已公布的最好结果偏差均在 0.04 以下,能满足实际应用所需。

在运行时间上,无论何种规模的 TSP 问题,多线程策略相对于单线程策略均具有明显的优势。单线程方式下,运行时间随问题规模增长而急剧增加;在相同条件下,多线程模式的运行时间的增加程度缓和许多,有效避免了传统单线程策略对问题规模敏感性的缺陷。如图 5.6 及图 5.7 所示,我们分别对比了不同规模 TSP 问题在多线程及单线程策略下的运行时间变化趋势。

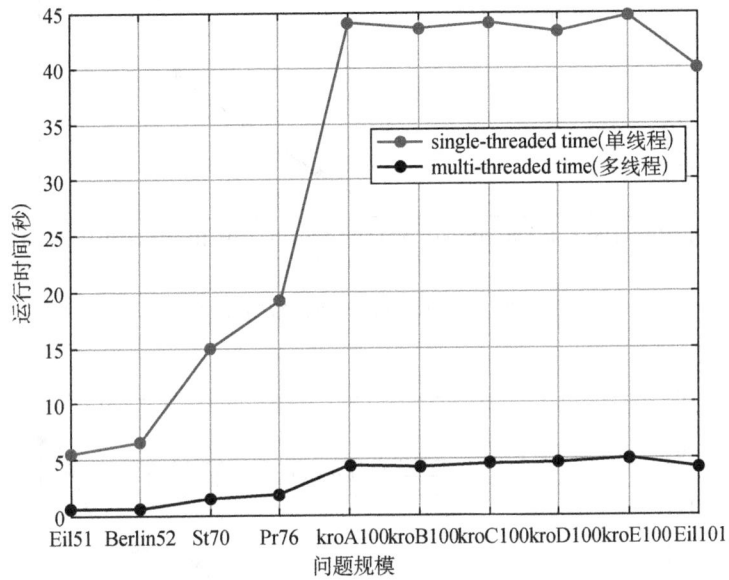

图 5.6 中小规模 TSP 问题运行时间对比

同时,由实验数据结果可知,基于多核多线程策略设计的优化算法,问题规模越大,并行计算的效率优势越明显。随着问题规模的增长,算法的加速比性能提升更显著,如图 5.8 展示了问题规模不同情形下的加速比,清楚体现了这一变化趋势。

究其原因,运用多核多线程策略,算法可最大限度利用系统硬件资源,如图 5.9 所示,即充分利用空闲的 CPU 内核,将信息通信直接交由硬件系统的底层予以实现,大幅度缩短算法运行时间。因此,相较传统的单线程算法,多核多线程策略具有明显的优势。

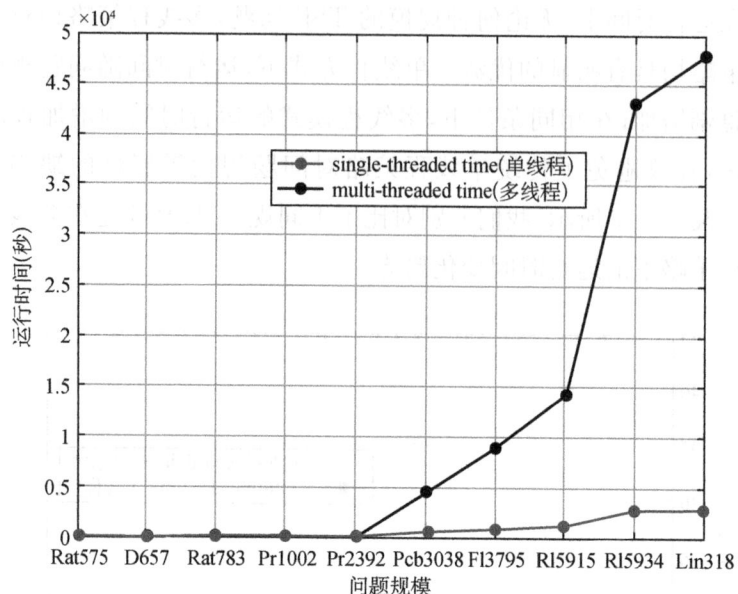

图 5.7 大规模 TSP 问题运行时间对比

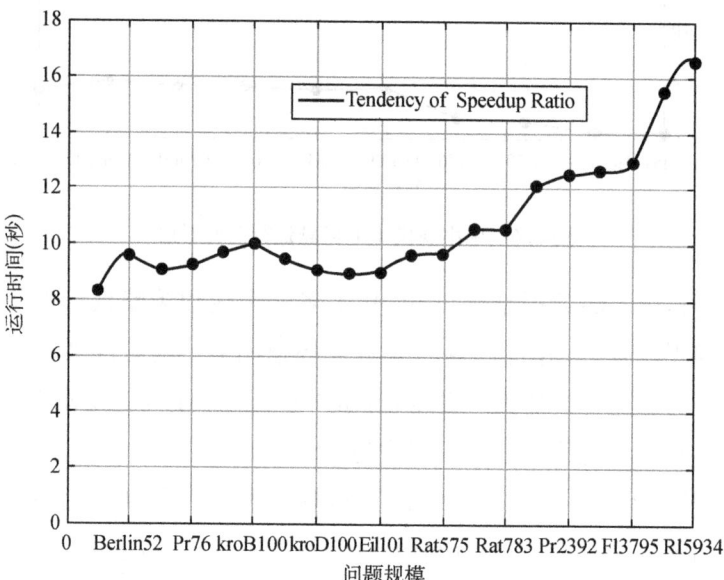

图 5.8 加速比趋势图

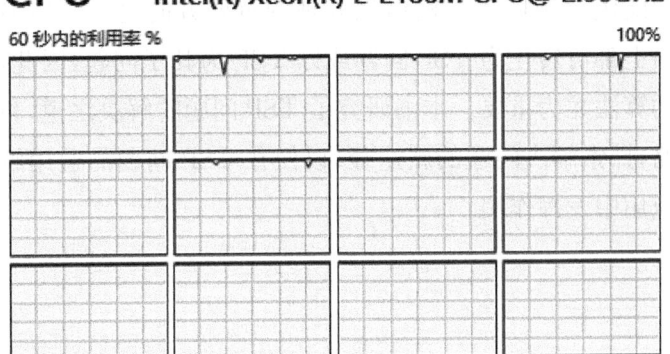

图 5.9　多核多线程策略的 CPU 利用率

我们在实验中发现，算法的真正运行时间与系统硬件环境、多核数量及可容纳的线程数量都有关系。参与运算的线程数越多，多线程计算的优势越能发挥，也越能有效缓解问题规模增长和算法计算效率（解的效果和计算时间）之间的矛盾。

当然，以上计算实验及测试结果都限定于目前通用的常规硬件设备。如果升级计算设备，将算法运行于计算机集群上，将获得更大规模和更加高效的优化结果。迄今为止，在 TSP 问题的求解规模和效果上，当以两位日本学者为最[198]，他们的测试算例规模已达 20 万之多，究其原因，除了算法本身的原因，还因为他们使用的计算设备是一组计算机集群。然而，在不增加硬件成本的前提下，实施多核多线程并行策略正是提高算法执行效率的主要途径之一。

随着大数据时代的来临，人们对计算机性能的利用要求也越来高,除了关注算法本身的改进,多核多线程策略将会是未来优化计算,尤其是智能优化领域大规模信息处理的重要方向之一。许多实际问题在本质上都可转化为 TSP 问题或以 TSP 为其子问题,因此,研究合适有效的算法尤为重要。本书研究了 TSP 问题的解决之道,目的在于积累思路,探索解决问题的新途径,以便在 TSP 问题的通用解法研究及实际应用中发挥作用。

第6章 研究展望

6.1 总结

在国民经济各部门和科技发展的各个领域中,最优化问题屡见不鲜,人们需要从所有可行的规划或方案中选择出最为经济、合理的一个或一组优化方案,以达到行动的最优目标或理想结果。在这些优化问题中,网络优化问题因易于以图形或网络结构图的形式进行直观描述而被广泛研究,已经成为自然科学、工程技术、社会经济等领域中诸多可抽象为图形结构复杂问题的重要研究工具之一。

最优树是一类重要的网络优化问题,其研究涉及社会生产和经济生活中的诸多实例,如交通运输、物流配送、信息技术、工业工程及通信网络等。本书着眼于此类与生成树相关的优化问题,设计并分析了相应的优化求解方法,为研究和探讨最优树相关问题提供了新的思路和方法。总体而言,本书的主要内容如下:

(1) 本书结合计算复杂性原理及组合优化经典 NP 难题,阐述了最优树问题的研究历史、应用场景基于不同应用背景而扩展的最优树问题;为简化与最优树相关 NP 难题的搜索过程,介绍了几类通用的启发式优化算法。

(2) 本书着眼于人类社会工程应用领域中对生成树顶点度有所限制的最优树问题,重点介绍了多目标情形下的两类度约束最优树。在多目标度约束最小生成树问题中,基于蚁群优化算法设计了一种多目标求解方案,并用数值算例验证了算法的有效性。本书结合多目标MIN-MAX度最小树问题,分析了这一特殊度约束与著名的Hamilton路的关联性质,在此基础上设计了先考虑Hamilton路再考虑MIN-MAX度最小树的分步骤求解方案。同时,本书以多个目标的数值实例验证了算法的有效性,并纠正了既有文献中Pareto解集中的部分劣解。

（3）本书将万有引力理论从自然科学领域拓展至社会科学领域,构建区域网络系统。首先,采用空间经济学中的经济引力模型构建了区域城市引力网络,将最优树理论应用于网络优化中,拓展了区域城市网络的研究角度；以长三角区域城市相关指标数据为例,通过区域城市引力网络最大生成树的优化策略,得到该区域最大"经济引力"的最优树联系方案。其次,考虑资源稀缺性,构建了基于创新要素区际流动的"创新引力"网络,应用最优 K -生成树理论,择取引力联系较大的 K 个区域。最后,以我国近年来创新指标数据为例,进行区域创新择优,并给出了相应择优结果和分析。

（4）本书论述了最优树与经典TSP问题之间的联系,从而将最优树扩展至TSP问题。首先,引入最小 1-树与Hamilton问题,结合顶点度的定义,论述了两者与TSP问题的紧密联系。在此基础上,本书介绍了TSP问题的数学模型、理论与现实意义及主要求解方法。其次,针对普通规模的TSP问题,设计了一种具有不同搜索机制、优势互补的异类多种群蚁群优化算法,并引入遗传变异机制进一步优化算法。本书用TSPLIB中不同数据类型的实例验证了混合算法的有效性。最后,为充分发挥现有计算机硬件优势,本书设计了一类可运行在多核处理器上,能同时利用多个线程并行计算的多核多线程优化算法,并用中型及大型规模TSP问题的数值实例验证了算法的有效性。

本书的研究工作进一步拓展了最优树问题的优化领域,除了具有学术上的理论意义,本书关于最优树及扩展最优树问题的研究成果还可应用于社会生产及经济生活的优化问题中。作为运筹学网络优化中的一个基本问题,最优树与著名的旅行商问题联系紧密。这一方面从侧面印证了最优树问题在网络优化中的重要地位;另一方面也说明了对最优树问题进行研究的意义所在,亦能促进学术界对其他组合优化、网络优化相关问题的研究。

与已有研究相比,本书的创新之处主要体现在:首先,为兼顾求解效率及求解效果,针对具体的多目标度约束优化问题,将耗时的指数形式启发式策略降阶,既提高了求解速度,又不影响 Pareto 解集的丰富多样性;其次,结合扩展的经济引力模型及创新引力模型,基于最优树相关理论,探索和发现了社会关系网络在最优树理论下呈现的不同于人们传统认知的新的价值;最后,本书针对大规模 TSP 问题的特点,将多核多线程并行优化策略用于大规模优化问题的算法设计中,有效缓解了大规模组合优化问题运算量和运算时间之间的矛盾,为优化领域大规模信息的处理探索了新的途径。

6.2 展望

(1) 源自工程应用领域的扩展最优树问题,绝不仅限于本书中所讨论的从顶点度出发的这两类问题:度约束最小树及 MIN-MAX 度最小树问题。如从生成树的边进行考虑,尚有非线性最优树及考虑边之间相互关系的二次最小树等一系列问题,它们在社会生产及经济生活中,亦有诸多应用,有待进一步深入研究。

(2) 以最优树相关理论为工具,研究社会网络的优化方案,是一种新的尝试。如何结合特定应用领域,构建社会关系网络,再借助最优树相关理论进行优化,亦有很大的探索空间。进一步地,将这一思路与方法推而广之,研究其他运筹学相关优化理论与方法,将其应用于社会网络优化领域,将是未来学科交叉研究的一种新尝试。

(3) 最优树与 TSP 问题,抑或其他组合优化或网络优化问题之间的联系,还有待进一步发掘。例如,各种问题之间的理论及应用联系,或它们在优化求解方法上的相关性等。

（4）在优化方法上，鉴于一些经典算法的时间复杂度都是指数级别的，无法在人们可接受计算时间内求解大规模的实际问题，未来学术界还可研究将另一些启发式算法、智能优化算法或相应混合策略应用于最优树，尤其是最优树相关 NP 难题的求解中，以提高算法求解该类问题的通用性及分析计算能力。

参 考 文 献

[1] Karp R M. Reducibility among combinatorial problems[M]//Complexity of Computer Computations. New York: Plenum Press, 1972: 85-103.

[2] 李学文,闫桂峰,李庆娜. 最优化方法[M]. 北京:北京理工大学出版社,2018.

[3] 马良,朱刚,宁爱兵. 蚁群优化算法[M]. 北京:科学出版社,2008.

[4] 张惠珍. 二次分配问题算法研究[D]. 上海:上海理工大学,2009.

[5] 马良,宁爱兵. 高级运筹学[M]. 北京:机械工业出版社,2008.

[6] 谈之笑,林凌. 组合优化与博弈论[M]. 杭州:浙江大学出版社,2015.

[7] 谢金星,邢文训,王振波. 网络优化[M]. 北京:清华大学出版社,2009.

[8] 邢文训,谢金星. 现代优化计算方法[M]. 北京:清华大学出版社,2005.

[9] 张德富. 启发式算法研究及其应用[D]. 武汉:华中科技大学,2002.

[10] 吕洋波. 计算机应用数学[M]. 哈尔滨:哈尔滨工程大学出版社,2018.

[11] Francisco J A, Ruben C. Solving graph coloring problems with the douglas-rachford algorithm[J]. Set-Valued and Variational Analysis, 2018, 26(2): 277-304.

[12] Moalic L, Gondran A. Variations on memetic algorithms for graph coloring problems[J]. Journal of Heuristics, 2018, 24(1): 1-24.

[13] Appel K, Haken W. Every Planar map is four colorable[J]. Bulletin of the American Mathematical Society, 1976, 82(5): 711-712.

[14] Bnar F A D, Mohammed N M, Kanar S M. Parameter controlled harmony search algorithm for solving the four-color mapping problem[J]. International Journal of Computer and Information Technology, 2014, 3(6): 1398-1402.

[15] 刘勇,马良.平面选址问题的引力搜索算法[J].计算机工程与应用,2012,48(27):42-44.

[16] 安邦,程朋.基于分支割平面的一类无容量限制设施选址问题求解算法[J].运筹学学报,2015,19(4):1-13.

[17] Oguz M, Bektas T, Bennell J A. A modelling framework for solving restricted planar location problems using phi-objects[J]. Journal of The Operational Research Society, 2016, 67(8): 1080-1096.

[18] Farham M S, Sural H, Iyigun C. Generalization of the restricted planar location problems: Unified metaheuristic algorithms[J]. Computers & Operations Research, 2018, 99(1): 48-66.

[19] Hakimi S L. Optimum locations of switching centers and the absolute centers and medians of a graph[J]. Operations Research, 1964, 12(1): 450-459.

[20] Damgacioglu H, Dinler D, Ozdemirel N E, et al. A genetic algorithm for the uncapacitated single allocation planar hub location problem[J]. Computers and Operations Research, 2015, 62(1): 224-236.

[21] 邱模杰,马良.约束平面选址问题的蚁群算法[J].上海理工大学学报,2000,22(3):217-220.

[22] 张滨燕,陈照辉,李大卫.混沌粒子群优化算法及其在平面选址问题

上的应用[J].河南科学,2006,24(5):707-710.

[23] Punnen A P, Wang Y. The bipartite quadratic assignment problem and extensions[J]. European Journal of Operational Research, 2016, 250(3): 715-725.

[24] Eliane M L, Nair M M, Paulo O B N, et al. A survey for the quadratic assignment problem[J]. European Journal of Operational Research, 2007, 176(2): 657-690.

[25] 张惠珍,马良,王洪刚.二次分配问题及其求解方法的研究进展[J].科技通报,2011,27(1):1-5.

[26] Colorni A, Dorigo M, Maniezzo V, et al. Ant system for job-shop scheduling[J]. Belgian journal of Operations Research Statistics and Computer Science, 1994, 34(1):1-14.

[27] Deng W, Xu J J, Zhao H M. An improved ant colony optimization algorithm based on hybrid strategies for scheduling problem[J]. IEEE Access, 2019, 7(1): 20281-20292.

[28] Gao S C, Wang Y R, Cheng J J. Ant colony optimization with clustering for solving the dynamic location routing problem[J]. Applied Mathematics and Computation, 2016, 285(1): 149-173.

[29] 吴会丛,王敬.基于改进蚁群算法的共享单车配送调度研究[J].计算机应用与软件,2020,37(9):35-41,55.

[30] 李宪强,马戎,张伸,等.蚁群算法的改进设计及在航迹规划中的应用[J].航空学报,2020,41(S2):213-219.

[31] 张成,凌有铸,陈孟元.改进蚁群算法求解移动机器人路径规划[J].电子测量与仪器学报,2016,30(11):1758-1764.

[32] Marianna G, Malin G. Layout design of wave energy parks by a genetic algorithm[J]. Ocean Engineering, 2018, 154(1): 252-261.

[33] Goncharov E N, Leonov V V. Genetic algorithm for the resource-constrained project scheduling problem [J]. Automation and

Remote Control, 2017, 78(6): 1101-1114.

[34] 金仙力,李金刚. 基于遗传算法的多目标路径优化算法的研究[J]. 计算机技术与发展, 2018,28(2):54-58.

[35] Mitchell M. An introduction to genetic algorithm[M]. Massachusetts: the MIT Press, 1996.

[36] 王小平,曹立明. 遗传算法——理论、应用与软件实现[M]. 西安:西安交通大学出版社,2002.

[37] Fekih A, Hadda H, Kacem I. A hybrid genetic Tabu search algorithm for minimising total completion time in a flexible job-shop scheduling problem [J]. European Journal of Industrial Engineering, 2020, 14(6): 763-781.

[38] Zhang Q B, Wang P, Chen Z H. An improved particle filter for mobile robot localization based on particle swarm optimization[J]. Expert Systems with Applications, 2019, 135(1): 181-193.

[39] Pradeepmon T G, Sridharan R, Panicker V V. Development of modified discrete particle swarm optimization algorithm for quadratic assignment problems [J]. International Journal of Industrial Engineering Computations, 2018, 9(4): 491-508.

[40] Kamlesh M, Zhang L, Siew C N. A Micro-GA embedded POS feature selection approach to intelligent facial emotion recognition [J]. IEEE Trans on Cybernetics, 2017, 47(6): 1496-1509.

[41] 丁知平. 一种多目标的粒子群算法的研究[J]. 科技通报. 2018,34(7):169-173.

[42] 李根. 基于云任务调度及粒子群算法的网络安全系统设计[J]. 软件工程,2018,21(5):51-53.

[43] 王翼虎,王思明. 基于改进粒子群算法的无人机路径规划[J]. 计算机工程与科学. 2020,42(9):1690-1696.

[44] 杨佳. 混合量子优化算法理论及应用研究[D]. 重庆:重庆大

学,2009.

[45] Shi L, Yu B. Characterizing rules in minimum cost spanning tree problems[J]. Operations Research Letters, 2017, 45(6): 675-678.

[46] Graham R L, Hell P. On the history of the minimum spanning tree problem[J]. Annals of the History of Computing, 1985, 7(1): 43-57.

[47] Narula S C, Ho C A. Degree-constrained minimum spanning tree[J]. Computer and Operations Research, 1980, 7(4): 239-249.

[48] Gao X, Jia L F, Kar S. Degree-constrained minimum spanning tree problem of uncertain random network[J]. Journal of Ambient Intelligence and Humanized Computing, 2017, 8(5): 747-757.

[49] 顾立尧. 带有度约束最小耗费生成树的分支限界算法[J]. 计算机应用与软件, 1989, (6): 49-54.

[50] Singh K, Sundar S. A hybrid genetic algorithm for the degree-constrained minimum spanning tree problem[J]. Soft Computing, 2020, 24(3): 2169-2186.

[51] Bui T N, Deng X H, Zrncic C M. An improved ant-based algorithm for the degree-constrained minimum spanning tree problem[J]. IEEE Transactions on Evolutionary Computation, 2012, 16(2): 266-278.

[52] Kim A A, Kurt K, Mikael L. On bicriterion minimal spanning trees: an approximation[J]. Computers and Operations Research, 1996, 23(12): 1171-1182.

[53] Santos J L, Pugliese L D P, Guerriero F. A new approach for the multi-objective minimum spanning tree [J]. Computers & Operations Research, 2018, 98(1): 69-83.

[54] 熊小华, 马良, 宁爱兵. 多目标最小生成树的竞争决策算法[J]. 系统工程, 2010, 28(4): 89-93.

[55] Parraga A J, Dorn M, Inostroza P M. Using local search strategies to improve the performance of NSGA-Ⅱ for the multi-criteria minimum spanning tree problem[C]. Spain: IEEE Congress on Evolutionary Computation, 2017: 1119-1126.

[56] Torkestani J A. Stochastic bounded diameter minimum spanning tree problem[J]. Fundamenta Informaticae, 2015, 140(2): 205-219.

[57] 张伟,毛剑琴.基于模糊树模型的非线性系统内模控制[J].控制理论与应用,2013,30(4):463-468.

[58] Custic A, Zhang R N, Punnen A P. The quadratic minimum spanning tree problem and its variations [J]. Discrete Optimization, 2018, 27(1): 73-87.

[59] Guimaraes D A, Da C A S, Pereira D L. Semidefinite programming lower bounds and branch-and-bound algorithms for the quadratic minimum spanning tree problem[J]. European Journal of Operational Research, 2020, 280(1): 46-58.

[60] Barbi A Q, Prataviera G A. Nonlinear dependencies on Brazilian equity network from mutual information minimum spanning trees [J]. Physica A-Statistical Mechanics and Its Applications, 2019, 523(1): 876-885.

[61] Brunelli M, Fedrizzi M. A Fuzzy Approach to Social Network Analysis[C]. Proceedings of International Conference on Advances in Social Network Analysis and Mining. New York: IEEE, 2009: 225-230.

[62] 鲍媛媛,易成岐,薛一波.基于社会网络的精确营销策略及方法[J].中兴通讯技术,2014,20(1):20-25.

[63] 刘焕淋,陈勇.通信网图论及应用[M].北京:人民邮电出版社,2010.

[64] Williamson M, Subramani K. A new algorithm for the minimum spanning tree verification problem[J]. Computational Optimization

and Applications, 2015, 61(1): 189-204.

[65] Gustavo B, Juan V. The folk solution and Boruvka's algorithm in minimum cost spanning tree problems [J]. Discrete Applied Mathematics, 2011, 159(12): 1279-1283.

[66] Li H M, Xia Q Y, Wang Y. Research and improvement of kruskal algorithm[J]. Journal of Computer and Communications, 2017, (12): 63-69.

[67] Choi M B, Lee S U. A prim minimum spanning tree algorithm for directed graph [J]. The Journal of the Institute of Internet, Broadcasting and Communication, 2012, 12(3): 51-61.

[68] Lai X S, Xia X Y. Multi-objective evolutionary algorithm on simplified bi-objective minimum weight minimum label spanning tree problems[J]. International Journal of Computational Science and Engineering, 2019, 20(3): 354-361.

[69] Gao X B. Improved multi-objective ant colony algorithm for multi-objective minimum spanning tree[J]. Application Research of Computers, 2011, 28(2): 474-476.

[70] 余荣祖,王唯良,陈冰.求解多目标最小生成树的一种新的遗传算法[J].计算机工程与应用,2009,45(16):48-49,65.

[71] Chagas R J, Valle C A, Da C A S. Exact solution approaches for the Multi-period Degree Constrained Minimum Spanning Tree Problem[J]. European Journal of Operational Research, 2018, 271(1): 57-71.

[72] Andrade R, Lucena A, Maculan N. Using Lagrangian dual information to generate degree constrained spanning trees[J]. Discrete Applied Mathematics, 2006, 154(5): 703-717.

[73] 贾青慧.求解度约束最小生成树的一种改进算法[J].计算机应用与软件,2012,29(5):48-49,80.

[74] Bicalho L H, Da C A S, Lucena A. Branch-and-cut-and-price algorithms for the Degree Constrained Minimum Spanning Tree Problem[J]. Computational Optimization and Applications, 2016, 63(3): 755-792.

[75] Sun X M, Chang C, Su H. Novel degree constrained minimum spanning tree algorithm based on an improved multicolony ant algorithm[J]. Mathematical Problems in Engineering, 2015(1): 1-13.

[76] 马良. 求解最小比率 TSP 的一个算法[J]. 系统工程, 1998, 16(4): 62-65.

[77] Huebner J, Schmidt M, Steinbach M C. Optimization techniques for tree-structured nonlinear problems[J]. Computational Management Science, 2020, 17(3): 409-436.

[78] Custic A, Punnen A P. A characterization of linearizable instances of the quadratic minimum spanning tree problem[J]. Journal of Combinatorial Optimization, 2018, 35(2): 436-453.

[79] Lozano M, Glover F, Garcia-Martinez C. Tabu search with strategic oscillation for the quadratic minimum spanning tree[J]. IIE Transactions, 2014, 46(4): 414-428.

[80] Dilson L P, Michel G, Alexandre S C. Lower bounds and exact algorithms for the quadratic minimum spanning tree problem[J]. Computers and Operations Research, 2015, 63(1): 149-160.

[81] Dilson L P, Michel G, Alexandre S C. Solving the quadratic minimum spanning tree problem[J]. Applied Mathematics and Computation, 2012, 218(23): 11597-11612.

[82] Addou E H, Serghini A, Mermri E B. Hybrid Approaches based on Simulated Annealing, Tabu Search and Ant Colony Optimization for Solving the k-Minimum Spanning Tree Problem

[J]. International Journal of Advanced Computer Science and Applications,2021,12(2):708-712.

[83] Katagiri H,Hayashida T,Nishizaki I. A hybrid algorithm based on tabu search and ant colony optimization for k-minimum spanning tree problems[J]. Expert Systems with Applications,2012,39(5):5681-5686.

[84] Gao X,Jia L F. Degree-constrained minimum spanning tree problem with uncertain edge weights[J]. Applied Soft Computing,2017,56(1):580-588.

[85] Singh K,Sundar S. A hybrid steady-state genetic algorithm for the min-degree constrained minimum spanning tree problem[J]. European Journal of Operational Research,2019,276(1):88-105.

[86] 魏欣,马良. 多目标MIN-MAX度最小树问题及其求解[J]. 上海理工大学学报,2019,41(3):231-235.

[87] 喻科,张晓青,赵克全. 最优绩效分配的多目标优化方法[J]. 运筹学学报,2018,22(4):89-98.

[88] Guan C,Zhang Z Q,Liu S L. Multi-objective particle swarm optimization for multi-workshop facility layout problem[J]. Journal of Manufacturing Systems,2019,53(1):32-48.

[89] Beheshtinia M A,Ghasemi A. A multi-objective and integrated model for supply chain scheduling optimization in a multi-site manufacturing system[J]. Engineering Optimization,2018,50(9):1415-1433.

[90] Chen G L,Chen S L,Guo W Z,Chen H W. The multi-criteria minimum spanning tree problem based genetic algorithm[J]. Information Sciences,2007,177(22):5050-5063.

[91] 焦李成,尚荣华,马文萍. 多目标优化免疫算法、理论和应用[M]. 北京:科学出版社,2010.

[92] 郭金维,蒲旭强,高祥,等.一种改进的多目标决策指标权重计算方法[J].西安电子科技大学学报(自然科学版),2014,41(6):118-125.

[93] 韩东,谢政.多目标规划求解中的修正权系数的方法[J].经济数学,2003,20(1):84-88.

[94] 李鹏,吴迪凡,李雨薇,殷云星,等.基于谈判博弈的多微网综合能源系统多目标联合优化配置[J].电网技术,2020,44(10):3680-3690.

[95] Torkestani J A. Degree constrained minimum spanning tree problem: a learning automata approach [J]. Journal of Supercomputing, 2013, 64(1): 226-249.

[96] Ghoualmi Z N, Mahmoudi R. Contribution for crossover and mutation for degree constrained minimum spanning tree problem (d-MSTP)[J]. International Journal of Engineering Management and Economics, 2012, 3(1): 74-94.

[97] Caccetta L, Hill S P. A branch and cut method for the degree-constrained minimum spanning tree problem [J]. Networks, 2001, 37(2): 74-83.

[98] 史小红,贾新娟,王燕.基于Hamilton路模型的蛋白质结构预测的研究[J].数学的实践与认识,2009,39(22):100-104.

[99] 王永久.引力理论[M].北京:科学出版社,2011.

[100] Ravenstein E G. The Laws of Migration[J]. Journal of the Royal Statistical Society, 1885, 48(2): 167-227.

[101] Tinbergen J. Shaping the world economy: suggestions for an international economic policy [M]. New York: The twentieth Century Fund, 1962.

[102] Pyhnen P. A tentative model for the volume of trade between countries[J]. Welt Wirtschaftliches Archiv Band, 1963, 90(1): 507-522.

[103] James E A. A Theoretical Foundation for the Gravity Equation

[J]. The American Economic Review, 1979, 69(1): 106-116.

[104] Greenwood M J, Gary L H, Dan S R, et al. Migration, Regional Equilibrium, and the Estimation of Compensating Differentials [J]. American Economic Review, 1991, (81): 1382-1390.

[105] Douglas S M, Howard J W. Voting with Your Feet and the Quality of Life Index: A Simple Non Parametric Approach Applied to Canada[J]. Economic Letters, 1993, (42): 229-236.

[106] Douglas S M. Estimating Relative Standard of Living in the United States Using Cross-Migration Data [J]. Journal of Regional Science, 1997, (37): 411-436.

[107] Wajdi N, Adioetomo S M, Mulder C H. Gravity Models of Interregional Migration in Indonesia[J]. Bulletin of Indonesian Economic Studies, 2017, 53(3): 309-332.

[108] Stewart J Q. Suggested Principles of "Social Physics"[J]. Science, 1947, 106(1): 179-180.

[109] Edwards S L, Dennis S J. Long Distance Day Tripping in Great Britain[J]. Journal of Transport Economics and Policy, 1976, 10(3): 237-256.

[110] Cesario F J, Knetsch J L. A recreation site demand and benefit estimation model[J]. Regional Studies, 1976, 10(1): 97-104.

[111] 彭芳梅. 粤港澳大湾区及周边城市经济空间联系与空间结构[J]. 经济地理, 2017, 37(12): 57-64.

[112] 劳昕, 沈体雁, 杨洋, 张远. 长江中游城市群经济联系测度研究[J]. 城市发展研究, 2016, 23(7): 91-98.

[113] 吴志强, 陆天赞. 引力和网络: 长三角创新城市群落的空间组织特征分析[J]. 城市规划学刊, 2015, 22(2): 31-39.

[114] 郝修宇, 徐培玮. 基于百度指数和引力模型的城市网络对比[J]. 北京师范大学学报(自然科学版), 2017, 53(4): 479-485.

[115] Camagni R. From City Hierarchy to City Network：Reflections About an Emerging Paradigm[J]. Structure and Change in the Space Economy，1993：66-87.

[116] Garcia B C, Chavez D. Network-based innovation systems：a capital base for the monterrey city-region, mexico[J]. Expert Systems with Applications，2014，41(12)：5636-5646.

[117] Abelem A, Stanton M A. Alternatives for Community Metropolitan Networks for the Major Cities of the Amazon Region of Brazil：The Case of Belem[C]. Boston, MA，2005 2nd International Conference on Broadband Networks (Broadnets)，2005：1492-1498.

[118] Derudder B, Taylor P J, Hoyler M. Measurement and interpretation of connectivity of chinese cities in world city network, 2010[J]. Chinese Geographical Science，2013，23(3)：261-273.

[119] Derudder B, Cao Z, Liu X J. Changing connectivities of chinese cities in the world city network, 2010 - 2016[J]. Chinese Geographical Science，2018，28(2)：183-201.

[120] 陈彦光,刘继生. 基于引力模型的城市空间互相关和功率谱分析——引力模型的理论证明、函数推广及应用实例[J]. 地理研究，2002,21(6):742-752.

[121] 李婧,产海兰. 空间相关视角下R&D人员流动对区域创新绩效的影响[J]. 管理学报,2018,15(3):399-409.

[122] 马春光,戴膺赞,王九如,等. 基于最小生成树的异构传感器网络抗共谋优化方案[J]. 电子与信息学报,2011,33(12):3046-3050.

[123] 李慧,周林,辛文波. 基于最优树的网络化作战装备体系结构优化[J]. 军事运筹与系统工程,2017,31(4):47-53.

[124] Tang C, Hou C P, Wang P C. Salient object detection using color spatial distribution and minimum spanning tree weight[J].

Multimedia Tools and Applications, 2016, 75(12): 6963-6978.

[125] Li H W, Mao W J, Zhang A A. An improved distribution network reconfiguration method based on minimum spanning tree algorithm and heuristic rules[J]. International Journal of Electrical Power & Energy Systems, 2016, 82(1): 466-473.

[126] 魏欣,马良,张惠珍.多目标度约束最小生成树的蚁群优化算法求解[J].数学理论与应用,2017,37(1):81-89.

[127] Zhang J Y, Zhou J, Zhong S Y. Models for inverse minimum spanning tree problem with fuzzy edge weights[J]. Journal of Intelligent & Fuzzy Systems, 2014, 27(5): 2691-2702.

[128] 刘芳.最大生成树聚类算法研究[J].软件导刊,2015,14(5):68-70.

[129] Helmi B H, Rahmani A T. Maximum spanning tree based linkage learner[J]. AI Communications, 2014, 27(3): 263-274.

[130] 李晓莉,王发曾,罗军.中原城市群轨道交通干线选择研究——基于图论最小生成树 Kruskal 算法[J].地域研究与开发,2008,27(5):50-53,63.

[131] 孙凌宇,冷明,谭云兰,等.赋权有向图的最小生成树算法[J].计算机工程,2010,36,(2):61-63,66.

[132] 白俊红,蒋伏心.协同创新、空间关联与区域创新绩效[J].经济研究,2015,50(7):174-187.

[133] 王钺,白俊红,张煜晖.研发人员的流动是否促进了地区创新的收敛[J].情报杂志,2016,35(3):195-202.

[134] Kaiser U, Hans C K, Thomas R. Does the mobility of R&D labor increase innovation?[J]. Journal of Economic Behavior & Organization, 2015, 110(1): 91-105.

[135] Jaan M, Raul E, Pille M, et al. The impact of interfirm labor mobility on innovation: Evidence from job search portal data[J]. Innovation Systems in Small Catching-Up Economies, 2012, 15

(1): 297-321.

[136] 李平,崔喜军,刘建. 中国自主创新中研发资本投入产出绩效分析——兼论人力资本和知识产权保护的影响[J]. 中国社会科学, 2007,(2):32-42.

[137] 鞠晓生,卢狄,虞义华. 融资约束、营运资本管理与企业创新可持续性[J]. 经济研究,2013,48(1):4-16.

[138] Trajtenberg M. Product Innovations, Price Indices and the Measurement of Economic Performance[M]. US: NBER Working Paper, 1990.

[139] James R B, Steven M F, Bruce C P. Financing innovation and growth: Cash flow, external equity, and the 1990s R&D boom[J]. The Journal of Finance, 2009, 64(1): 151-185.

[140] 杨省贵,顾新. 区域创新体系间创新要素流动研究[J]. 科技进步与对策,2011,28(23):60-64.

[141] 白俊红,王钺. 研发要素的区际流动是否促进了创新效率的提升[J]. 中国科技论坛,2015,(12):27-32.

[142] Audretsch D B, Feldman M P. R&D spillovers and the geography of innovation and production[J]. American Economic Review, 1996,86(3): 630-640.

[143] 夏怡然,陆铭. 城市间的"孟母三迁"——公共服务影响劳动力流向的经验研究. 管理世界,2015,(10):78-90.

[144] 彭中文. 西方关于人力资本流动与技术溢出研究综述[J]. 经济纵横,2006,(4):77-79.

[145] 王恬. 人力资本流动与技术溢出效应——来自我国制造业企业数据的实证研究[J]. 经济科学,2008,(4):99-109.

[146] 钱晓烨,迟巍,黎波. 人力资本对我国区域创新及经济增长的影响——基于空间计量的实证研究[J]. 数量经济技术经济研究, 2010,27(4):107-121.

[147] Rachel G, Stephen R, John V R. Mapping the two faces of R&D: Productivity growth in a panel of OECD industries[J]. The Review of Economics and Statistics, 2004, 86(4): 883-895.

[148] 王钺, 刘秉镰. 创新要素的流动为何如此重要? ——基于全要素生产率的视角[J]. 中国软科学, 2017, (8): 91-101.

[149] 牛欣, 陈向东. 城市间创新联系及创新网络空间结构研究[J]. 管理学报, 2013, 10(4): 575-582.

[150] 李婧, 谭清美, 白俊红. 中国区域创新生产的空间计量分析——基于静态与动态空间面板模型的实证研究[J]. 管理世界, 2010(7): 43-55, 65.

[151] Gabriele P, Mariacristina P, Marco V. Young firms and innovation: A micro-econometric analysis[J]. Structural Change and Economic Dynamics, 2012, 23(4): 329-340.

[152] 朱有为, 徐康宁. 中国高技术产业研发效率的实证研究[J]. 中国工业经济, 2006, (11): 38-45.

[153] Matteo F, Horst W H, Kurt J, et al. Weighted k-Cardinality trees: Complexity and polyhedral structure[J]. Networks, 1994, 24(1): 11-21.

[154] Hideki K, Guo Q Q. A hybrid-heuristics algorithm for k-minimum spanning tree problems[J]. IAENG Transactions on Engineering Technologies, 2013, 186(1): 167-180.

[155] Ravi R, Sundaram R, Marathe M V, et al. Spanning trees—short or small[J]. SIAM Journal on Discrete Mathematics, 1996, 9(2): 178-200.

[156] Knecht T, Jungnickel D. A note on the k-minimum spanning tree problem on circles[J]. Operations Research Letters, 2016, 44(2): 199-201.

[157] 俞立平, 刘俊. 主成分分析与因子分析法适合科技评价吗? ——以

学术期刊评价为例[J].现代情报,2018,38(6):73-79,137.

[158] Prescott E C. Needed: A theory of total factor productivity[J]. International Economic Review,1998,39(3):525-525.

[159] 孙建.中国区域创新能力收敛性研究[J].科学学与科学技术管理,2010,31(2):113-117.

[160] William J Cook.迷茫的旅行商:一个无处不在的计算机算法问题[M].隋春宁,译.北京:人民邮电出版社,2013.

[161] Gilbert L. The traveling salesman problem: An overview of exact and approximate algorithms[J]. European Journal of Operational Research,1992,59(2):231-247.

[162] Michael H, Richard M K. The traveling-salesman problem and minimum spanning trees[J]. Operations Research,1970,18(6):1138-1162.

[163] Michael H, Richard M K. The traveling-salesman Problem and Minimum Spanning trees: Part Ⅱ [J]. Mathematical Programming,1971,1(1):6-25.

[164] 姜国均.利用Hopfield网络求Hamilton圈的算法[J].浙江大学学报(自然科学版),1997,31(6):792-797.

[165] Kumar S, Munapo E, Lesaoana M. A minimum spanning tree based heuristic for the travelling salesman tour[J]. Opsearch,2018,55(1):150-164.

[166] 赵媛.改进的生成树算法求解旅行商问题[J].兰州大学学报(自然科学版),2008,44(7):164-168.

[167] LaRusic J, Punnen A P. The asymmetric bottleneck traveling salesman problem: Algorithms, complexity and empirical analysis[J]. Computers & Operations Research,2014,43(1):20-35.

[168] 温新刚.基于服务时间约束的在线旅行商问题研究[D].西安:西安交通大学,2014.

[169] Khan I, Maiti M K, Basuli K. Multi-objective traveling salesman problem: an ABC approach[J]. Applied Intelligence, 2020, 50(11): 3942-3960.

[170] Trigui S, Cheikhrouhou O, Koubaa A. An analytical hierarchy process-based approach to solve the multi-objective multiple traveling salesman problem[J]. Intelligent Service Robotics, 2018, 11(4): 355-369.

[171] George B D, Delbert R F, Selmer M J. Solution of a large-scale traveling-salesman problem[J]. Operations Research, 1954, 2(4): 393-410.

[172] Little J C, Murty K G, Sweeney D W. An algorithm for the traveling salesman problem[J]. Operations Research, 1963, 11(6): 972-989.

[173] Yuan Y, Cattaruzza D, Ogier M. A branch-and-cut algorithm for the generalized traveling salesman problem with time windows [J]. European Journal of Operational Research, 2020, 286(3): 849-866.

[174] Fachini R F, Armentano V A. Exact and heuristic dynamic programming algorithms for the traveling salesman problem with flexible time windows[J]. Optimization Letters, 2020, 14(3): 579-609.

[175] Lin S. Computer solutions of the traveling salesman problem[J]. Bell System Technical Journal, 1965, 44(1): 2245-2269.

[176] Hougardy S, Zaiser F, Zhong X. The approximation ratio of the 2-Opt Heuristic for the metric Traveling Salesman Problem[J]. Operations Research Letters, 2020, 48(4): 401-404.

[177] 于莹莹,陈燕,李桃迎.改进的遗传算法求解旅行商问题[J].控制与决策,2014,29(8):1483-1488.

[178] Dong G F, Li W, Shen J. Solving traveling salesman problems with ant colony optimization algorithms in sequential and parallel computing environments: a normalized comparison [J]. International Journal of Machine Learning and Computing, 2018, 8(2): 98-103.

[179] Avsar B, Aliabadi D E. Parallelized neural network system for solving Euclidean traveling salesman problem[J]. Applied Soft Computing, 2015, 34(1): 862-873.

[180] Zhu R, Wang S L, Zhu Z Q. An ant colony algorithm for job shop scheduling problem with tool flow[J]. Proceedings of the Institution of Mechanical Engineers Part B-Journal of Engineering Manufacture, 2014, 228(8): 959-968.

[181] Demirel N C, Toksari M D. Optimization of the quadratic assignment problem using an ant colony algorithm[J]. Applied Mathematics and Computation, 2006, 183(1): 427-435.

[182] 马良,项培军. 蚁群算法在组合优化中的应用[J]. 管理科学学报, 2001,4(2):32-37.

[183] Broderick C, Ricardo S, Franklin J, et al. A max-min ant system algorithm to solve the software project scheduling problem[J]. Expert Systems with Applications, 2014, 41(15): 6634-6645.

[184] Ogawa M, Li L. A max-min ant system algorithm with epsilon MAX selection[J]. Information—an International Interdisciplinary Journal, 2008, 11(4): 467-471.

[185] Jovanovic R, Tuba M. An ant colony optimization algorithm with improved pheromone correction strategy for the minimum weight vertex cover problem[J]. Applied Soft Computing, 2011, 11(8): 5360-5366.

[186] Zhang Q, Zhang C S. An improved ant colony optimization

algorithm with strengthened pheromone updating mechanism for constraint satisfaction problem[J]. Neural Computing & Applications,2018,30(10):3209-3220.

[187] Liu H J,Cai C,Sun X X. A multiple ant colony collaborative planning algorithm based on trajectory segment[J]. Computer Engineering,2014,40(11):143-148.

[188] 张鹏,魏云霞,薛宏全,等.基于优胜劣汰规则的异类多种群蚁群算法[J].计算机工程,2012,38(18):182-185.

[189] Tseng S Y,Ding J W,Chen R C. WEB-based tour planning support system using genetic and ant colony algorithms[J]. Journal of Internet Technology,2010,11(7):901-908.

[190] 邓丽娟,张纪会.混合蚁群算法求解双目标时间窗VRP[J].复杂系统与复杂性科学,2020,17(4):73-84.

[191] Delgoshaei A,Mirzazadeh A,Ali A. A hybrid ant colony system and tabu search algorithm for the production planning of dynamic cellular manufacturing systems while confronting uncertain costs [J]. Brazilian Journal of Operations & Production Management, 2018,15(4):499-516.

[192] 吴庆洪,张纪会,徐心和.具有变异特征的蚁群算法[J].计算机研究与发展,1999,36(10):1240-1245.

[193] 张江维.自适应混合粒子群优化算法求解大规模旅行商问题[J].计算机应用与软件,2015,32(12):265-269.

[194] Zhong Y W,Wang L J,Lin M. Discrete pigeon-inspired optimization algorithm with Metropolis acceptance criterion for large-scale traveling salesman problem[J]. Swarm and Evolutionary Computation,2019,48(1):134-144.

[195] 石红国,饶煜,郭寒英.基于Hopfield神经网络求解较大规模TSP的新方法[J].综合运输.2018,40(10):77-82.

[196] 周伟明. 多核计算与程序设计[M]. 武汉:华中科技大学出版社,2009.

[197] 李程俊,张求明. 求解 TSP 问题的多线程演化算法[J]. 计算机工程与设计,2005,26(7):1744-1750.

[198] Yuichi N, Shigenobu K. A Powerful Genetic Algorithm Using Edge Assembly Crossover for the Traveling Salesman Problem [J]. INFORMS Journal on Computing,2013,25(2):346-36.

附 录 1

$$\begin{bmatrix}
\infty & 40 & 25 & 19 & 21 & 36 & 1 & 6 & 42 & 6 & 5 & 9 & 13 & 21 & 28 & 44 & 39 & 42 & 16 & 14 \\
40 & \infty & 8 & 9 & 28 & 22 & 1 & 39 & 11 & 25 & 19 & 20 & 14 & 46 & 44 & 18 & 21 & 44 & 31 & 28 \\
25 & 8 & \infty & 47 & 31 & 19 & 35 & 30 & 41 & 26 & 17 & 5 & 6 & 27 & 21 & 48 & 38 & 49 & 20 & 8 \\
19 & 9 & 47 & \infty & 5 & 2 & 36 & 10 & 18 & 35 & 17 & 37 & 17 & 22 & 8 & 48 & 12 & 27 & 36 & 8 \\
21 & 28 & 31 & 5 & \infty & 30 & 39 & 36 & 16 & 4 & 1 & 45 & 42 & 32 & 46 & 34 & 8 & 22 & 35 & 4 \\
36 & 22 & 19 & 2 & 30 & \infty & 37 & 5 & 1 & 29 & 34 & 38 & 35 & 6 & 43 & 21 & 47 & 7 & 38 & 12 \\
1 & 1 & 35 & 36 & 39 & 37 & \infty & 2 & 29 & 30 & 43 & 38 & 9 & 20 & 43 & 8 & 29 & 12 & 16 & 6 \\
6 & 39 & 30 & 10 & 36 & 5 & 2 & \infty & 32 & 14 & 13 & 15 & 40 & 17 & 19 & 36 & 22 & 1 & 34 & 47 \\
42 & 11 & 41 & 18 & 16 & 1 & 29 & 32 & \infty & 19 & 12 & 11 & 36 & 21 & 34 & 46 & 15 & 43 & 21 & 24 \\
6 & 25 & 26 & 35 & 4 & 29 & 30 & 14 & 19 & \infty & 11 & 14 & 17 & 13 & 36 & 7 & 2 & 15 & 33 & 30 \\
5 & 19 & 17 & 17 & 1 & 34 & 43 & 13 & 12 & 11 & \infty & 16 & 19 & 4 & 19 & 12 & 9 & 12 & 32 & 36 \\
9 & 20 & 5 & 37 & 45 & 38 & 38 & 15 & 11 & 14 & 16 & \infty & 19 & 14 & 49 & 35 & 48 & 22 & 21 & 44 \\
13 & 14 & 6 & 17 & 42 & 35 & 9 & 40 & 36 & 17 & 19 & 19 & \infty & 29 & 36 & 25 & 2 & 40 & 18 & 25 \\
21 & 46 & 27 & 22 & 32 & 6 & 20 & 17 & 21 & 13 & 4 & 14 & 29 & \infty & 40 & 30 & 31 & 28 & 10 & 48 \\
28 & 44 & 21 & 8 & 46 & 43 & 43 & 19 & 34 & 36 & 19 & 49 & 36 & 40 & \infty & 13 & 3 & 26 & 11 & 27 \\
44 & 18 & 48 & 48 & 34 & 21 & 8 & 36 & 46 & 7 & 12 & 35 & 25 & 30 & 13 & \infty & 43 & 49 & 45 & 43 \\
39 & 21 & 38 & 12 & 8 & 47 & 29 & 22 & 15 & 2 & 9 & 48 & 2 & 31 & 3 & 43 & \infty & 40 & 33 & 15 \\
42 & 44 & 49 & 27 & 22 & 7 & 12 & 1 & 43 & 15 & 12 & 22 & 40 & 28 & 26 & 49 & 40 & \infty & 40 & 2 \\
16 & 31 & 20 & 36 & 35 & 38 & 16 & 34 & 21 & 33 & 32 & 21 & 18 & 10 & 11 & 45 & 33 & 40 & \infty & 18 \\
14 & 28 & 8 & 8 & 4 & 12 & 6 & 47 & 24 & 30 & 36 & 44 & 25 & 48 & 27 & 43 & 15 & 2 & 18 & \infty
\end{bmatrix}$$

$$\begin{bmatrix}
\infty & 15 & 37 & 2 & 16 & 30 & 41 & 18 & 27 & 43 & 17 & 15 & 31 & 41 & 1 & 10 & 38 & 8 & 42 & 25 \\
15 & \infty & 16 & 31 & 28 & 15 & 12 & 29 & 24 & 18 & 8 & 44 & 24 & 14 & 23 & 46 & 29 & 4 & 3 & 11 \\
37 & 16 & \infty & 22 & 4 & 7 & 5 & 34 & 2 & 21 & 40 & 46 & 35 & 28 & 44 & 39 & 25 & 9 & 46 & 24 \\
2 & 31 & 22 & \infty & 41 & 36 & 26 & 25 & 14 & 7 & 34 & 42 & 27 & 22 & 22 & 12 & 19 & 1 & 40 & 7 \\
16 & 28 & 4 & 41 & \infty & 1 & 34 & 1 & 23 & 40 & 37 & 8 & 8 & 10 & 32 & 5 & 36 & 6 & 29 & 29 \\
30 & 15 & 7 & 36 & 1 & \infty & 19 & 24 & 47 & 43 & 2 & 11 & 19 & 24 & 14 & 20 & 44 & 20 & 46 & 48 \\
41 & 12 & 5 & 26 & 34 & 19 & \infty & 32 & 26 & 26 & 17 & 29 & 21 & 33 & 45 & 44 & 20 & 3 & 10 & 8 \\
18 & 29 & 34 & 25 & 1 & 24 & 32 & \infty & 49 & 24 & 47 & 32 & 23 & 21 & 3 & 46 & 5 & 36 & 4 & 40 \\
27 & 24 & 2 & 14 & 23 & 47 & 26 & 49 & \infty & 18 & 41 & 47 & 30 & 27 & 1 & 1 & 35 & 41 & 18 & 21 \\
43 & 18 & 21 & 7 & 40 & 43 & 26 & 24 & 18 & \infty & 24 & 21 & 26 & 42 & 19 & 14 & 15 & 18 & 30 & 45 \\
17 & 8 & 40 & 34 & 37 & 2 & 17 & 17 & 41 & 24 & \infty & 4 & 42 & 34 & 29 & 4 & 28 & 47 & 47 & 19 \\
15 & 44 & 46 & 42 & 8 & 11 & 29 & 32 & 47 & 21 & 4 & \infty & 3 & 28 & 35 & 35 & 23 & 34 & 46 & 9 \\
31 & 24 & 35 & 27 & 8 & 19 & 21 & 23 & 30 & 26 & 42 & 3 & \infty & 1 & 8 & 18 & 38 & 45 & 13 & 17 \\
41 & 14 & 28 & 22 & 10 & 24 & 33 & 21 & 37 & 42 & 34 & 28 & 1 & \infty & 25 & 22 & 2 & 38 & 35 & 32 \\
1 & 23 & 44 & 22 & 32 & 14 & 45 & 3 & 1 & 19 & 29 & 35 & 8 & 25 & \infty & 32 & 27 & 39 & 45 & 18 \\
10 & 46 & 39 & 12 & 5 & 20 & 44 & 46 & 1 & 14 & 4 & 35 & 18 & 22 & 32 & \infty & 14 & 2 & 11 & 26 \\
38 & 29 & 25 & 19 & 36 & 44 & 20 & 5 & 35 & 15 & 28 & 23 & 38 & 2 & 27 & 14 & \infty & 17 & 5 & 27 \\
8 & 4 & 9 & 1 & 6 & 20 & 3 & 36 & 41 & 18 & 47 & 34 & 45 & 38 & 39 & 2 & 17 & \infty & 6 & 7 \\
42 & 3 & 46 & 40 & 29 & 46 & 10 & 4 & 18 & 30 & 47 & 46 & 13 & 35 & 45 & 11 & 5 & 6 & \infty & 21 \\
25 & 11 & 24 & 7 & 29 & 48 & 8 & 40 & 21 & 45 & 19 & 9 & 17 & 32 & 18 & 26 & 27 & 7 & 21 & \infty
\end{bmatrix}$$

序号	目标1	目标2	序号	目标1	目标2
1	92	552	11	277	177
2	94	539	12	290	146
3	110	470	13	338	112
4	139	378	14	349	104
5	149	349	15	365	99
6	159	331	16	426	82
7	159	325	17	438	79
8	192	268	18	484	69
9	206	242	19	520	64
10	255	186	—	—	—

附 录 2

$$\begin{bmatrix}
\infty & 34 & 68 & 34 & 64 & 64 & 53 & 29 & 6 & 43 & 48 & 43 & 33 & 95 & 77 & 26 & 91 & 44 & 94 & 45 \\
34 & \infty & 66 & 94 & 55 & 3 & 20 & 55 & 71 & 20 & 7 & 12 & 24 & 59 & 18 & 31 & 27 & 7 & 12 & 24 \\
68 & 66 & \infty & 58 & 59 & 12 & 35 & 13 & 67 & 67 & 14 & 38 & 37 & 31 & 86 & 55 & 92 & 0 & 41 & 78 \\
34 & 94 & 58 & \infty & 44 & 98 & 92 & 88 & 32 & 14 & 87 & 13 & 20 & 35 & 63 & 39 & 64 & 14 & 84 & 36 \\
64 & 55 & 59 & 44 & \infty & 98 & 76 & 3 & 75 & 84 & 50 & 26 & 93 & 41 & 81 & 87 & 97 & 36 & 58 & 53 \\
64 & 3 & 12 & 98 & 98 & \infty & 39 & 9 & 59 & 16 & 99 & 68 & 12 & 34 & 46 & 59 & 1 & 56 & 80 & 23 \\
53 & 20 & 35 & 92 & 76 & 39 & \infty & 83 & 11 & 66 & 73 & 5 & 56 & 11 & 60 & 1 & 35 & 54 & 20 & 34 \\
29 & 55 & 13 & 88 & 3 & 9 & 83 & \infty & 51 & 60 & 4 & 23 & 89 & 45 & 47 & 47 & 37 & 71 & 28 & 14 \\
6 & 71 & 67 & 32 & 75 & 59 & 11 & 51 & \infty & 75 & 87 & 7 & 64 & 42 & 4 & 71 & 23 & 1 & 33 & 7 \\
43 & 20 & 67 & 14 & 84 & 16 & 66 & 60 & 75 & \infty & 23 & 61 & 25 & 81 & 76 & 31 & 87 & 2 & 46 & 90 \\
48 & 7 & 14 & 87 & 50 & 99 & 73 & 4 & 87 & 23 & \infty & 60 & 92 & 70 & 37 & 3 & 4 & 13 & 28 & 94 \\
43 & 12 & 38 & 13 & 26 & 68 & 5 & 23 & 7 & 61 & 60 & \infty & 33 & 71 & 14 & 49 & 38 & 40 & 61 & 38 \\
33 & 24 & 37 & 20 & 93 & 12 & 56 & 89 & 64 & 25 & 92 & 33 & \infty & 64 & 26 & 84 & 20 & 18 & 65 & 41 \\
95 & 59 & 31 & 35 & 41 & 34 & 11 & 45 & 42 & 81 & 70 & 71 & 64 & \infty & 47 & 52 & 72 & 81 & 6 & 59 \\
77 & 18 & 86 & 63 & 81 & 46 & 60 & 47 & 4 & 76 & 37 & 14 & 26 & 47 & \infty & 40 & 25 & 90 & 69 & 58 \\
26 & 31 & 55 & 39 & 87 & 59 & 1 & 47 & 71 & 31 & 3 & 49 & 84 & 52 & 40 & \infty & 19 & 24 & 18 & 27 \\
91 & 27 & 92 & 64 & 97 & 1 & 35 & 37 & 23 & 87 & 4 & 38 & 20 & 72 & 25 & 19 & \infty & 14 & 87 & 24 \\
44 & 7 & 0 & 14 & 36 & 56 & 54 & 71 & 1 & 2 & 13 & 40 & 18 & 81 & 90 & 24 & 14 & \infty & 73 & 37 \\
94 & 12 & 41 & 84 & 58 & 80 & 20 & 28 & 33 & 46 & 28 & 61 & 65 & 6 & 69 & 18 & 87 & 73 & \infty & 1 \\
45 & 24 & 78 & 36 & 53 & 23 & 34 & 14 & 7 & 90 & 94 & 38 & 41 & 59 & 58 & 27 & 24 & 37 & 1 & \infty
\end{bmatrix}$$

$$\begin{bmatrix}
\infty & 85 & 63 & 27 & 27 & 55 & 86 & 5 & 93 & 8 & 24 & 8 & 13 & 4 & 26 & 77 & 46 & 50 & 58 & 74 \\
85 & \infty & 92 & 19 & 90 & 99 & 19 & 65 & 11 & 89 & 42 & 11 & 16 & 48 & 37 & 31 & 54 & 77 & 62 & 44 \\
63 & 92 & \infty & 27 & 92 & 13 & 89 & 74 & 71 & 40 & 59 & 89 & 43 & 5 & 99 & 48 & 24 & 49 & 7 & 50 \\
27 & 19 & 27 & \infty & 69 & 5 & 93 & 95 & 73 & 78 & 78 & 56 & 65 & 64 & 40 & 10 & 61 & 96 & 47 & 50 \\
27 & 90 & 92 & 69 & \infty & 76 & 36 & 19 & 79 & 14 & 40 & 22 & 58 & 77 & 69 & 88 & 78 & 75 & 40 & 95 \\
55 & 99 & 13 & 5 & 76 & \infty & 50 & 12 & 13 & 73 & 53 & 94 & 76 & 6 & 82 & 82 & 70 & 52 & 75 & 75 \\
86 & 19 & 89 & 93 & 36 & 50 & \infty & 62 & 4 & 23 & 3 & 67 & 52 & 83 & 76 & 63 & 29 & 60 & 3 & 66 \\
5 & 65 & 74 & 95 & 19 & 12 & 62 & \infty & 51 & 8 & 73 & 46 & 81 & 87 & 88 & 6 & 80 & 72 & 67 & 59 \\
93 & 11 & 71 & 73 & 79 & 13 & 4 & 51 & \infty & 13 & 76 & 62 & 67 & 42 & 76 & 65 & 38 & 18 & 22 & 98 \\
8 & 89 & 40 & 78 & 14 & 73 & 23 & 8 & 13 & \infty & 78 & 32 & 67 & 1 & 57 & 29 & 77 & 68 & 44 & 57 \\
24 & 42 & 59 & 78 & 40 & 53 & 3 & 73 & 76 & 78 & \infty & 80 & 16 & 95 & 23 & 66 & 36 & 18 & 75 & 70 \\
8 & 11 & 89 & 56 & 22 & 94 & 67 & 46 & 62 & 32 & 80 & \infty & 11 & 46 & 31 & 75 & 92 & 89 & 28 & 23 \\
13 & 16 & 43 & 65 & 58 & 76 & 52 & 81 & 67 & 67 & 16 & 11 & \infty & 32 & 49 & 53 & 31 & 61 & 13 & 91 \\
4 & 48 & 5 & 64 & 77 & 6 & 83 & 87 & 42 & 1 & 95 & 46 & 32 & \infty & 41 & 27 & 63 & 85 & 54 & 50 \\
26 & 37 & 99 & 40 & 69 & 82 & 76 & 88 & 57 & 23 & 31 & 49 & 41 & \infty & 70 & 20 & 20 & 53 & 58 \\
77 & 31 & 48 & 10 & 88 & 82 & 63 & 6 & 65 & 29 & 66 & 75 & 53 & 27 & 70 & \infty & 44 & 1 & 68 & 53 \\
46 & 54 & 24 & 61 & 78 & 70 & 29 & 80 & 38 & 77 & 36 & 92 & 31 & 63 & 20 & 44 & \infty & 11 & 2 & 43 \\
50 & 77 & 49 & 96 & 75 & 52 & 60 & 72 & 18 & 68 & 18 & 89 & 61 & 85 & 20 & 1 & 11 & \infty & 52 & 4 \\
58 & 62 & 7 & 47 & 40 & 75 & 3 & 67 & 22 & 44 & 75 & 28 & 13 & 54 & 53 & 68 & 2 & 52 & \infty & 75 \\
74 & 44 & 50 & 50 & 95 & 75 & 66 & 59 & 98 & 57 & 70 & 23 & 91 & 50 & 58 & 53 & 43 & 4 & 75 & \infty
\end{bmatrix}$$

$$\begin{bmatrix}
\infty & 57 & 61 & 13 & 1 & 30 & 55 & 73 & 39 & 44 & 58 & 45 & 79 & 82 & 60 & 6 & 26 & 93 & 90 & 49 \\
57 & \infty & 13 & 75 & 3 & 96 & 13 & 19 & 98 & 32 & 73 & 49 & 29 & 86 & 65 & 97 & 84 & 99 & 15 & 69 \\
61 & 13 & \infty & 45 & 76 & 72 & 90 & 64 & 9 & 16 & 52 & 1 & 98 & 29 & 97 & 27 & 29 & 65 & 1 & 77 \\
13 & 75 & 45 & \infty & 79 & 92 & 42 & 5 & 52 & 14 & 85 & 82 & 76 & 72 & 93 & 42 & 5 & 86 & 55 & 52 \\
1 & 3 & 76 & 79 & \infty & 6 & 1 & 9 & 76 & 38 & 34 & 71 & 56 & 42 & 43 & 19 & 22 & 94 & 59 & 81 \\
30 & 96 & 72 & 92 & 6 & \infty & 14 & 3 & 63 & 36 & 67 & 53 & 86 & 19 & 10 & 15 & 63 & 95 & 62 & 73 \\
55 & 13 & 90 & 42 & 1 & 14 & \infty & 94 & 39 & 27 & 62 & 57 & 33 & 34 & 94 & 2 & 80 & 70 & 14 & 14 \\
73 & 19 & 64 & 5 & 9 & 3 & 94 & \infty & 86 & 89 & 37 & 15 & 59 & 10 & 33 & 57 & 31 & 32 & 77 & 20 \\
39 & 98 & 9 & 52 & 76 & 63 & 39 & 86 & \infty & 2 & 27 & 69 & 12 & 53 & 91 & 1 & 44 & 97 & 63 & 26 \\
44 & 32 & 16 & 14 & 38 & 36 & 27 & 89 & 2 & \infty & 19 & 41 & 44 & 44 & 64 & 88 & 75 & 22 & 94 & 18 \\
58 & 73 & 52 & 85 & 34 & 67 & 62 & 37 & 27 & 19 & \infty & 54 & 10 & 77 & 93 & 3 & 19 & 55 & 4 & 13 \\
45 & 49 & 1 & 82 & 71 & 53 & 57 & 15 & 69 & 41 & 54 & \infty & 70 & 25 & 53 & 36 & 39 & 95 & 10 & 88 \\
79 & 29 & 98 & 76 & 56 & 86 & 33 & 59 & 12 & 44 & 10 & 70 & \infty & 44 & 71 & 23 & 91 & 63 & 20 & 56 \\
82 & 86 & 29 & 72 & 42 & 19 & 34 & 10 & 53 & 44 & 77 & 25 & 44 & \infty & 74 & 66 & 42 & 77 & 94 & 9 \\
60 & 65 & 97 & 93 & 43 & 10 & 94 & 33 & 91 & 64 & 93 & 53 & 71 & 74 & \infty & 34 & 31 & 59 & 24 & 18 \\
6 & 97 & 27 & 42 & 19 & 15 & 2 & 57 & 1 & 88 & 3 & 36 & 23 & 66 & 34 & \infty & 61 & 67 & 91 & 90 \\
26 & 84 & 29 & 5 & 22 & 63 & 80 & 31 & 44 & 75 & 19 & 39 & 91 & 42 & 31 & 61 & \infty & 76 & 85 & 89 \\
93 & 99 & 65 & 86 & 94 & 95 & 70 & 32 & 97 & 22 & 55 & 95 & 63 & 77 & 59 & 67 & 76 & \infty & 85 & 64 \\
90 & 15 & 1 & 55 & 59 & 62 & 14 & 77 & 63 & 94 & 4 & 10 & 20 & 94 & 24 & 91 & 85 & 85 & \infty & 27 \\
49 & 69 & 77 & 52 & 81 & 73 & 14 & 20 & 26 & 18 & 13 & 88 & 56 & 9 & 18 & 90 & 89 & 64 & 27 & \infty
\end{bmatrix}$$

序号	目标1	目标2	目标3	序号	目标1	目标2	目标3
1	712	450	794	26	691	885	466
2	673	569	525	27	736	442	681
3	811	759	444	28	680	611	587
4	680	682	469	29	623	501	737
5	962	503	584	30	557	740	526
6	676	538	603	31	769	544	586
7	435	789	891	32	982	403	756
8	473	662	911	33	545	569	823
9	891	419	825	34	644	477	794
10	619	492	889	35	466	890	889
11	727	820	418	36	645	682	499
12	648	530	708	37	513	698	756
13	509	706	696	38	715	775	456
14	623	449	962	39	623	580	622
15	665	532	592	40	455	696	902
16	534	566	706	41	488	725	757
17	477	633	852	42	649	481	857
18	607	994	607	43	760	607	475
19	624	561	744	44	355	871	1019
20	830	383	814	45	815	509	612
21	522	660	598	46	614	599	635
22	570	651	595	47	787	586	507
23	838	413	779	48	835	675	474
24	380	894	906	49	406	760	955
25	684	486	803	—	—	—	—

附 录 3

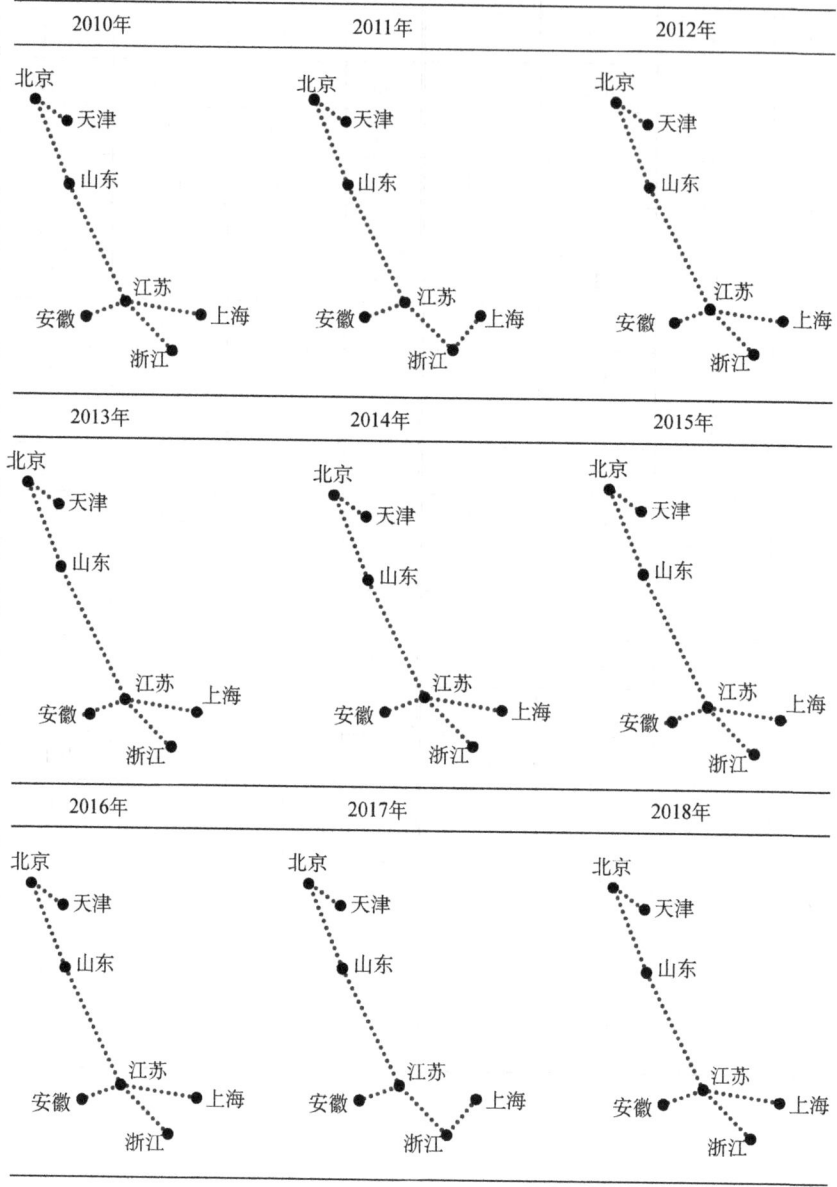

附 录 4

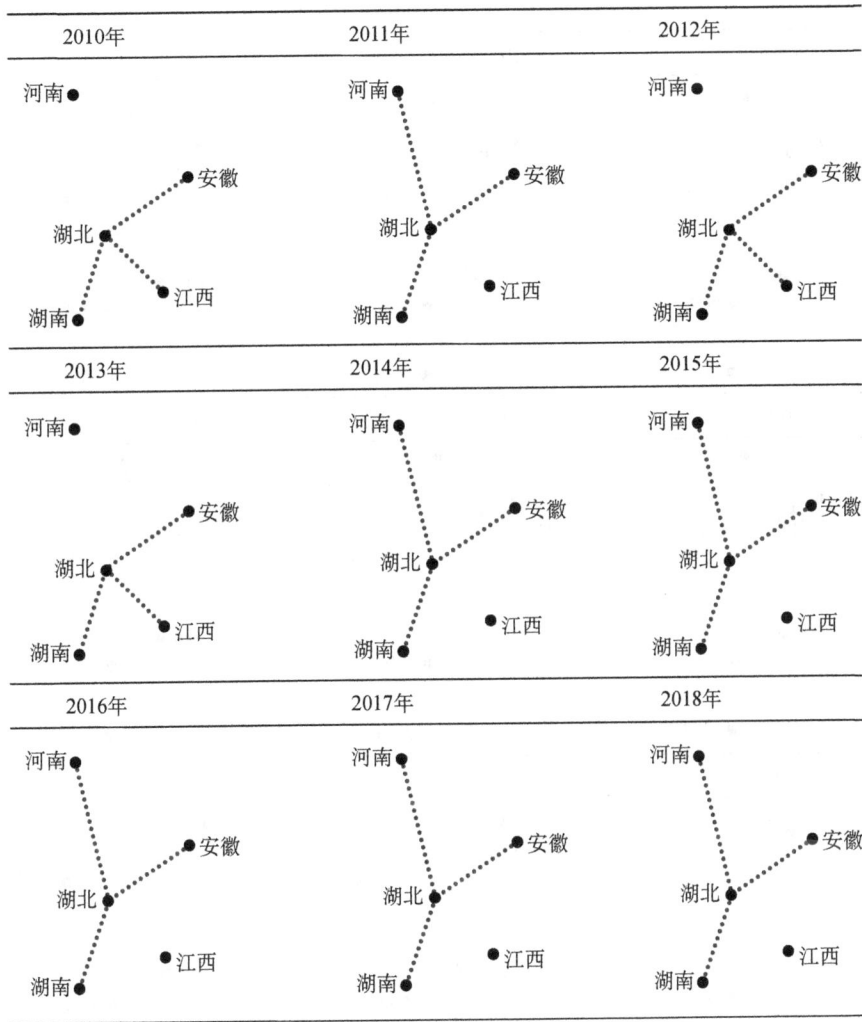

附 录 5

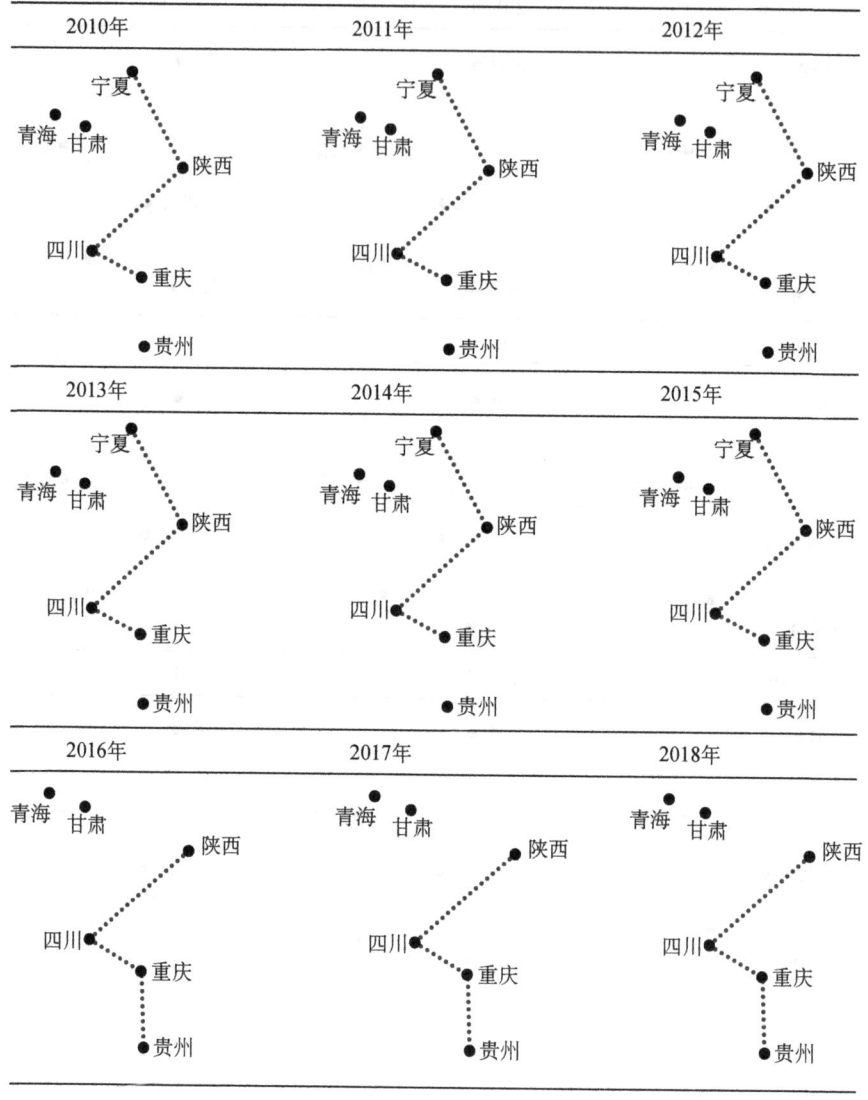